Bramfelder Kulturladen (Hg.)

Grenzen überschreiben
Jugendschreibwettbewerb // 2018

W0192599

Bramfelder Kulturladen (Hg.)
Konstantin Ulmer (Red.)

Grenzen überschreiben

Jugendschreibwettbewerb // 2018

© 2018 Bramfelder Kulturladen

1. Auflage
Redaktion: Konstantin Ulmer

Verlag: tredition GmbH, Hamburg

ISBN (Paperback): 978-3-7469-8812-2
ISBN (Hardcover): 978-3-7469-8813-9
ISBN (e-Book): 978-3-7469-8814-6

Bibliografische Information der Deutschen Nationalbibliothek: Die Deutsche Nationalbibliothek verzeichnet diese Publikation in der Deutschen Nationalbibliografie; detaillierte bibliografische Daten sind im Internet über http://dnb.d-nb.de abrufbar.

Inhalt

Vorwort

Die Welt ist im Wandel. Das war sie schon immer, natürlich. Aber derzeit geht es ziemlich rasant zu. So rasant, dass vielerorts von einer Zeitenwende gesprochen wird. Einem neuen Zeitalter. Einer neuen Epoche. Einer neuen Ära.

So richtig zu fassen ist diese Zeitenwende allerdings nicht, dafür ist sie einfach zu schnell. Doch ab und zu kann man immerhin einen Blick auf sie erhaschen. Zum Beispiel, wenn man die Berufswelt betrachtet: Früher machten die Schulabsolventen eine Ausbildung um die Ecke. In einigen Fällen gab es da zufällig einen Großbetrieb, in anderen kannte Papa den ortsansässigen Elektriker vom Altherrenfußball. Wenn das nichts war, ging man eben studieren. Konnte Ärzt*in werden, Informatiker*in oder notfalls Lehrer*in.

Das gibt's auch heute alles noch. So schnell wendet sich selbst die Zeit nicht. Doch mittlerweile kann man auch mit einem Fashion Blog Geld verdienen. Oder als YouTuber*in. Ich hätte da noch einen Berufsvorschlag, der wunderbar in unsere Zeit passt: Grenzbarrierenkonstrukteur*in.

1989, als die deutsch-deutsche Mauer fiel, gab es weltweit knapp zwanzig Mauern und Zäune in größerem Stil zwischen Staaten. Heute sind wir bei ca. fünfundsiebzig angelangt. Eine beachtliche Konjunktur, zumal einige Großprojekte noch in Aussicht stehen. Und wenn der Boom dann doch mal enden sollte, können die Grenzbarrierenkonstrukteur*innen irgendwelche Gated Communities einzäunen, die weltweit wie Pilze aus dem Asphalt der Goßstädte schießen. Auch an den sozialen Grenzen wird schließlich mit durchschlagendem Erfolg gearbeitet.

Ziemlich hohe Zäune werden derzeit auch um Sprache gezogen. Die Grenzposten warnen vor Fake News und Political Correctness. Auch Jugendsprache ist häufiger mal ein Thema. Die wird nämlich immer schlimmer. Munkelt man zumindest. Und das übrigens schon seit Jahrhunderten. Aber in der Zeitenwende geht das alles noch viel schneller, wenn man den Sprachapokalyptikern glaubt.

Zu diesem Untergangsszenario wollte der Bramfelder Kulturladen 2018 die Trompeten blasen. Anfang des Jahres luden wir alle Interessierten, die in Hamburg wohnen und den Altersklassen U18 (1999-2002) und U14 (2003 und jünger) zuzurechnen sind, zu einem Jugendschreibwettbewerb ein. Das Genre spielte dabei keine Rolle: Von Kurzgeschichte über Mini-Drama bis zum Rap-Text war alles willkommen. Parallel boten wir Workshops in Kooperation mit den umliegenden Schulen an, für deren Leitung wir die Poetry Slammer*innen Marco von Damghan, Lennart Hamann, Hannes Maaß und Fabian Navarro begeistern konnten. Das Motto des Wettbewerbs wählten wir der Konjunktur entsprechend: »Grenzen überschreiben«.

Diese Überschrift war natürlich eine Art antizyklischer Impuls. Denn so richtig sicher waren wir uns nicht, dass die Apokalypse tatsächlich bevorsteht. Und die Grenzkonjunktur versprach keinerlei Wohlstand, nicht im Kopf, nicht im Herzen und nicht im Portemonnaie.

Die passenden Worte dafür suchten nun also die Hamburger Nachwuchsautor*innen. Und das taten sie mit erstaunlichem Engagement: Bis zum Einsendeschluss am 1. Juni gingen 98 Beiträge ein, die die Jury, bestehend aus der Lektorin Steffi Korda, dem Verleger Joachim Kaps und Stefanie Segatz vom Jungen Literaturhaus, in großen Teilen überraschten und überzeugten. Die besten dreißig Einsendungen wurden Ende Juni auf einer Preisverleihung ausgezeichnet und sind nun in diesem Band versammelt. Sie geben einen Eindruck davon, dass die Zeitenwende vielleicht auch anders verlaufen kann, als uns die Schwarzseher und Vereinfacher weismachen wollen.

Danken möchten wir an dieser Stelle nicht nur den Autor*innen, den Workshopleitern und den Juror*innen. Die Kooperation mit den Schulen lief hervorragend, weil engagierte Lehrer*innen von der Idee begeistert waren und gerne den organisatorischen Aufwand in Kauf nahmen, die Schüler*innen in den Brakula zu lotsen. Dass wir die Workshops kostenfrei anbieten und den Wettbewerb professionell bewerben konnten, verdanken wir der Projektförderung durch die SAGA GWG Stiftung Nachbarschaft, das Bezirksamt Wandsbek und die Sparkassen-Stiftung Holstein. Sachpreise für die Preisverleihung stellte die Buchhandlug Heymann zur Verfügung.

Dr. Konstantin Ulmer // Brakula-Kulturlabor

U18

(Jahrgänge 1999-2002)

Katharina Fust

Als im alten Haus neues Leben einzog

Meine Gedanken drehten unaufhörlich in meinen Kopf Kreise und mir fiel nichts ein, dem ein Ende zu setzen.

»Weg«, dachte ich. »Verzieht euch selbst aus den letzten, dunkelsten Ritzen dieses alten Hauses und lasst mich mein neues Leben anfangen.«

Irgendwie wirkte es nicht.

Ich setzte mich an den Schreibtisch, nahm die Taperolle und suchte mir einen Stift, der zuverlässig schrieb.

Was ich eben laut sagte, schrieb ich aufs Band, riss es ab und klebte es unübersehbar auf mein uraltes Foto, das mich woanders zeigte.

Irgendwann verflüchtigte sich das Chaos in meinen Gedanken und ich nutzte ohne zu zögern die Gunst der Stunde.

Dann lief ich auf Socken in die Küche und drehte schwungvoll das Radio auf.

»Cause I've got memories and travel like gypsies in the night...«

Ich schnappte mir das Tapeband und rannte durch die Wohnung, nein, durch meine Wohnung!

Also blieb ich beim nächstbesten Bild stehen, riss den Deckel meines Stiftes ab und schrieb auf die Taperolle. Dann riss ich das Stück ab und klebte es fröhlich über das Stillleben.

»Alles«.

Der imposante Lampenschirm kam als nächstes dran.

»Meins«.

Und natürlich blieb auch nicht die liebevoll gestrichene Tür verschont.

»!!!!!«

Als Nächstes wurden die Fenster im Arbeitszimmer geöffnet.

»Widersprechen«.

»Mut haben, Fremde anzusprechen«.

»Anziehen, was mir gefällt«.

Ich seufzte erleichtert, als die frische, sommervolle Luft den antiken Modergeruch verdrängte.

Vogelgesang. Morgensonne. Wind in den hohen Bäumen.

»*I've got. no. ROOTS!*«

Langsam streckte ich die Hände in die Höhe, warf meinen Kopf zu den Seiten und tanzte Pirouetten, so schnell ich es im engen Raum zwischen Aktenschränken und Kommoden wagte.

»*...- but my home was never on the ground -...*«

»Meins auch nicht«, dachte ich wehmütig, wirbelte herum, schrieb, riss ab und klebte.

Und hörte erst auf, als mich das Wort »Zuhause« wie in eine Bestätigung umgab, die mir das Haus entgegenbrachte und jegliche abstoßendende Gebärde überdeckte.

Atemlos verneigte ich mich kurz in alle Richtungen, nahm meine Sachen mit und hopste die Treppe herunter-

Die.

Treppe.

Herunter.

Gespielt nachdenklich blieb ich stehen und blickte über meine Schulter zurück.

Neckisch streckte ich ihr meine Zunge heraus, setzte mich auf den Boden und begann wieder zu schreiben.

Dann tanzte ich dem Flur entgegen.

Zurück blieben auf jeder Stufe jeweils ein Wort, zusammen ergaben sie:

Nie. Mehr. Zurückblicken. Weiter. Gehen. Hemmungslos. Die Gegenwart. Erobern.

Ich lächelte zufrieden und gab mein Bestes, eine ausgelassene und doch elegante Choreo hinzubekommen, doch so ganz gelang es mir nicht.

Aber das fand ich nicht schlimm.

Die Bässe brachten das Haus zum Summen, die trotzige Stille verflog.

»Lebe die Zeit in Perspektive Ewigkeit«.

»Was noch nicht ist, kann noch werden«.

Im Vorbeigehen brachte ich noch ein »eigenwillige Perfektion« - Tapefetzen am Korridortisch an und zu guter aller Letzt wagte ich einen Sprung auf dem glatten Boden –

»*I've got no roots!*«

– landete vor der Türschwelle und klatschte ein »Eigenständiges, gutes Leben« an die Haustür.

Mit einem Mal war es still.

Das Radio schwieg.

Und mit einem Knarzen öffnete sich die Tür einen Spalt weit.

Unbewusst blieb ich stehen.

Zögernd legte ich meine Hand auf den Griff – und traute mich nicht, sie weiter aufzustoßen.

Ich blickte zurück.

Die frisch angebrachten Schilder schimmerten mir aus dem Dämmerlicht entgegen, das nur von dem gerade geöffneten Fenster unterbrochen wurde.

Es gab so viel zu ändern.

War ich dazu bereit?

Die Tür schwang auf, bolzte gegen die verputzte Wand und brachte die Weinranken zum Beben.

Schmutzige Socken flogen in hohen Bogen in den Schatten des alten Gebäudes und verschwanden vorerst im Staub.

Ich trat barfuß und unsicher auf kalten Stein.

Dann streckte ich den einen Fuß aus und berührte zaghaft frische Gräser.

Entzückt machte ich meinen ersten Schritt, hinein in den Garten, raus aus dem engen, alten Haus, auf dem Weg. –

Ein warmer Wind strich durch die Haare und nahm den dumpfen Geruch von Aktenordnern mit.

Plötzlich schwoll er an und entriss einer etwas nachsinnenden Hand einen Fetzen Papier und ließ ihn auf die Türschwelle segeln.

Leise begannen die kleinen Glöckchen vor den Küchenfenstern zu klingen.

Die Hand machte keine Anstalten, das Papier wiederzuholen, so blieb es liegen, mein letztes Schild mit der Aufschrift:

»Mehr Grenzen überschreiben!«

Irgendwo an der Pforte erklang das Tappen laufender Füße und ein Sonnenstrahl erreichte lachende Augen.

Kaspar Anneus Lübbert

Wie die weißen Wüstenschwalben

Alles begann an einem Tag im Juli. Es waren knappe vierzig Grad Celsius und die Luft flimmerte über der Wüste, sodass die Soldaten vom glühenden Sand abgeschreckt in der Stadt geblieben waren. Meine Familie und ich verbrachten den Tag außerhalb der Stadt, weil das neue Haus meines Vaters beim Angriff der Staaten eingestürzt war. Ich hatte mich ein Stück entfernt niedergelassen, um meinen Eltern nicht beim Streiten zuhören zu müssen. So saß ich auf einem Felsen und beobachtete eine Wüstenschwalbe, die pfeilschnell durch die Luft schoss, und hing meinen düsteren Gedanken nach. Von hier aus konnte man von Zouar nur noch einige halb eingestürzte Häuserblöcke erkennen, doch wenn man sich umdrehte und von der Stadt weg in Richtung Osten sah, ragte sie vor einem auf: Eine fast sechs Meter hohe Mauer aus bröckligem Beton, mit einem teuflischen Bandstacheldraht auf der Brüstung.

Dies war die Grenze. Die Grenze war und ist bis heute der äußerste Rand dessen, was ich kenne. Sie hat kein Ende und soweit ich weiß auch keinen Anfang. Ich bin ihr schon kilometerweit gefolgt, in beide Richtungen, bis tief in die Wüste hinein, ständig mit den Fingern am verhassten Gestein entlangstreichend, ob es nicht vielleicht doch irgendwo eine unsichtbare Lücke gab oder ein Tor, eine Schleuse oder wenigstens ein Fenster, durch das ich einen Blick auf die andere Seite hätte riskieren können. Doch in all den Jahren habe ich weder ein Ende der Mauer gesichtet, noch irgendeinen Durchgang entdeckt. Ich habe schon versucht, mich unter der Mauer hindurch zu graben, weit weg von Zouar und den Soldaten versteht sich, doch die Grenze teilte nicht nur die Wüste, sondern auch das Erdreich in zwei. Ich hatte sie angeschrien, ihr Beleidigungen entgegen gebrüllt, hatte mit den bloßen Fäusten versucht, sie niederzureißen, doch als Antwort erhielt ich von der Mauer nur das trockene Echo meiner Worte und das stetige Pfeifen des Wüstenwindes. Gegen die Grenze konnte man nicht rebellieren, sie war schon immer da gewesen und würde noch ewig bleiben.

Ich kauerte auf dem Boden, um das Weinen meiner Schwester nicht anhören zu müssen, da traf mich plötzlich etwas Spitzes am Hinterkopf. Ich fuhr instinktiv herum und riss die Hände schützend vors Gesicht, doch im heißen Wüstenstaub entdeckte ich einen halb vom rötlichen Sand verschluckten Papierflieger. Einen simpel gefalteten Papierflieger aus vergilbtem Papier.

Ich brauchte einen Moment, bis ich mich wieder gefasst hatte und den Flieger näher begutachten konnte. Erst nach einer Minute entdeckte ich die winzigen Schriftzeichen, die in unleserlicher Schrift darauf gekritzelt waren. Mit einer einzigen schnellen Bewegung zog ich den Papierflieger aus dem Sand und faltete ihn auf, wobei ich ihn beinahe zerriss, und ungeduldig versuchte ich, die kleinen Zeichen zu entziffern.

Auf dem Papierflieger war das erste Kapitel einer Geschichte niedergeschrieben. Ich brauchte einen Moment, um zu begreifen, dass es sich nicht um eine bloße Beschreibung der Realität, sondern um die fantastische Darstellung eines anderen Ortes ging. Die Geschichte handelte von einer Welt ohne Krieg und Terror, in der genug für alle da war. Einer Welt ohne Hass und ohne Gier, die nicht von einer Mauer durchtrennt war und in der jeder sagen und tun konnte, was er wollte. In einer Welt, in der Frieden und Gerechtigkeit wichtiger waren als Stolz und Abstammung.

Die Geschichte packte mich vom ersten Satz an und ich brauchte, um das doppelseitig beschriebene Papier durchzulesen kaum mehr als drei Minuten. Als ich fertig war, begann ich einfach wieder am Anfang und las den Text erneut.

Eines fragte ich mich von diesem Moment an in jeder freien Minute. Wer hatte den Papierflieger geworfen? Er war von der anderen Seite gekommen, da war ich mir sicher, doch wer in aller Welt mochte der Verfasser gewesen sein? Ich verdrängte die Frage zunächst, doch ich hätte wissen können, dass sie eines Tages wieder hervorkommen würde.

In den nächsten Stunden und der darauffolgenden Nacht las ich den Text insgesamt siebzehn Mal, und als ich ihn beinahe auswendig konnte, begann ich, eine Fortsetzung zu schreiben. Ich bettelte bei den Soldaten um Schreibzeug und erhielt einen weißen Bogen Papier und einen Bleistiftstummel mit dem schäbigen Rest eines Radiergummis oben drauf, der den Soldaten zu kurz geworden war. Meiner Fantasie waren keine Grenzen gesetzt. Ich hatte nicht viel Platz, aber trotzdem kamen mir die buntesten Bilder in den Sinn, sodass es sich beinahe anfühlte, als lebte ich selbst an jenem paradiesischen Ort, der auf einem Papierflieger erschaffen worden war. Innerhalb von wenigen Minuten gab es keine freie Stelle mehr auf dem Papier. Ich faltete meinen ersten Flieger streng nach dem Vorbild des Originals und kehrte dann zur Mauer zurück. Der Versuch, die geflügelten Worte über die Mauer zu schleudern, scheiterte am Stacheldraht auf der Mauer, doch als der zweite Flieger, den ich einen Tag später losließ, vom Wind mit flatternden Schwingen in die Höhe getragen wurde und dann steil auf der anderen Seite der Mauer abtauchte, hatte ich das ernsthafte Gefühl, der Mauer in einer mächtigen, wundervollen Weise überlegen zu sein. Ich hatte sie gewissermaßen ausgetrickst. Dieses Gefühl machte mich so frei, dass ich Tag für Tag wieder zur Grenze zurückkehrte und am vierten Tag, versteckt unter einer Sandschicht, tatsächlich eine Antwort erhielt.

Und so ging es dann weiter. Mindestens drei Mal in der Woche schickte ich einen Papierflieger über die Mauer, jedes Mal kam am nächsten Tag einer von der anderen Seite zurück. Ich begann, nicht mehr um einzelne Papiere, sondern um ganze Blöcke zu betteln, wobei mir diese Bitten von den Soldaten natürlich unerfüllt blieben. Allerdings eröffneten die Soldaten eine notdürftige Schule in Zouar, in der ich endlich besser schreiben lernte. Hier konnte ich auch häufiger etwas Papier ergattern.

Die Papierflieger, die ich faltete, waren bald nicht mehr so simpel aufgebaut wie der erste. Anhand eines zerknitterten Bastelheftes aus der Schule lernte ich andere zu basteln, die schneller flogen und um einiges stabiler waren.

Woche für Woche verstrich, die Papierflieger von der anderen Seite kamen seltener, die Geschichten wurden aber im Gegenzug länger und waren schöner formuliert. So passte auch ich meinen Schreibstil immer weiter an, sodass ich besser und besser wurde. Mittlerweile waren wir von den Soldaten in eine Baracke einquartiert worden, die zwar ein wenig Schutz gegen die Hitze bot, aber eigentlich viel zu klein für eine vierköpfige Familie war. Manchmal las ich am Abend, wenn die kalte Nachtluft über Zouar kam und sich das helle Blau des Himmels mit dem sanften Weinrot der untergehenden Sonne mischte, gesprenkelt von etlichen winzigen, silbrigen Sternen, meiner Schwester unterm offenen Himmel die neuesten Erzählungen vor.

Einmal erwischte mich mein Vater, als ich meiner Schwester vorlas. Ich machte den Fehler, zu glauben, dass er mich für meine Erfahrungen, die ich ihm bisher vorenthalten hatte, loben oder mich wenigstens weiterschreiben lassen würde, so erzählte ich ihm von den Papierfliegern, von der Mauer und von der Geschichte, die ich zusammen mit irgendjemandem von der anderen Seite schrieb. Ich ging sogar soweit, meinem Vater den aktuellen Brief, den ich am nächsten Tag auf die Reise schicken wollte, von Anfang bis Ende vorzulesen.

Als ich fertig war, saß mein Vater mit zitternden Händen auf seiner Pritsche. Eine Träne glitzerte in seinem Augenwinkel. Dann stand er langsam auf und zog mich schlagartig zu sich, wobei mir ein spitzer Schrei entfuhr. Ich versuchte mich aus seinem Griff zu befreien, doch er war viel zu stark, als dass ich mich hätte wehren können. Dann schlug er mich. Einmal, zweimal und vielleicht einige weitere Male. Er schlug mich und sprach währenddessen über das Wimmern meiner Schwester hinweg sieben Worte, die ich nie wieder vergessen werde: »Du bist nicht länger meine Tochter, Verräterin.«

Die folgenden drei Nächte verbrachte ich nicht in unserer Baracke, sondern in einer einsturzgefährdeten Hütte nahe der Mauer. Ob ich mit dem Schreiben aufhörte? Das hätte ihm wohl so gefallen. Ich entschloss mich dazu, weiterzuschreiben, wenn auch im Geheimen. In dieser Nacht habe ich zum ersten Mal mit Vorsatz etwas gestohlen. Ich brach in das dürftige Zelt ein, das die Soldaten als »Schule« bezeichneten und stahl zwei Bleistifte, einen Anspitzer und einen kleinen Stapel Papier, dann versteckte ich alles in den Ruinen.

Nach drei Tagen holte mich meine Schwester zurück, doch mein Vater würdigte mich keines Blickes. Ich bin mir ziemlich sicher, dass meine Mutter meine Rückkehr veranlasst hatte, denn ihr linkes Auge war so geschwollen wie meines. Viele, die wir kannten, verließen Zouar nun, denn die Lage besserte sich nicht. Die Arbeit, welche wir für die Soldaten leisten musste, war hart und zermürbend, sodass ich am Ende des Tages wenig Kraft übrighatte. Was mich am Leben hielt, war erstens das Wissen, dass auf der anderen Seite der Mauer jemand auf mich zählte, und zweitens der Wunsch, eines Tages zu erfahren, wer es war, mit dem ich meine Gedanken teilte.

Dem letzteren Ziel stand unglücklicherweise einiges im Weg. Wir konnten dem jeweils anderen nichts über uns verraten, denn wenn in einem solchen Fall die Botschaft in die falschen Hände gelangt wäre, hätte man uns augenblicklich festgenommen. Ich wusste nicht das Geringste über ihn oder sie, die Person auf der anderen Seite. Die Alten hatten mir mein Leben lang erzählt, dass die auf der anderen Seite dümmer seien als wir, dass sie uns auf ewig verachteten und dass ihnen auf keinen Fall zu trauen war, doch je länger ich mit dem Empfänger meiner Papierflieger schrieb, umso weniger glaubte ich diesen Mythen. Diese Person, von der ich zwar weder Vor- noch Nachnamen kannte, die ich äußerlich nicht von hundert anderen Personen hätte unterscheiden können, die ich aber dennoch in einer innigen, emotionalen Form kannte, war nicht dumm. Genauso wenig schien sie mir seitenlange Geschichten aus Hass zu schreiben und es hätte vermutlich kaum jemanden in Zouar gegeben, dem ich mehr vertraut hätte als ihr. Manchmal schmiedete ich unbewusst Pläne, wie ich mit ihr oder ihm fortgehen könnte, für immer und ewig die Mauer hinter uns lassend, doch wenn ich mich bei solchen Gedanken ertappte, versuchte ich sie möglichst schnell zu vergessen.

Mein Vater ist irgendwann gegangen. Eines Tages war er einfach verschwunden, ich schätze, er ist nach Europa gegangen, wie schon so viele nach Europa gegangen waren. Ich wagte nicht, darauf zu hoffen, dass er wenigstens meine Schwester eines Tages nachholen würde. Denselben Weg gehen wie mein Vater konnten wir alleine nicht, weil wir kein Geld hatten. Wir konnten nicht fort.

So verging fast ein Jahr. Vieles hatte sich geändert. Das kleine Lager der Soldaten war zu einer Militärbasis geworden, täglich trafen neue Truppen ein, und sie brachten schweres Kriegsgerät mit. Man wollte die Grenze gegen einen Angriff von der anderen Seite sichern. Es patrouillierten bewaffnete Soldaten an der Mauer, die man, war der Effekt auch noch so gering, mit einer weiteren Spule Stacheldraht ausgestattet hatte. Von meinem Vater hatten wir zu unserer Enttäuschung nichts mehr gehört.

Die Kommunikation mit der Person auf der anderen Seite war schwieriger geworden, vor allem durch die Patrouillen an der Mauer. Ein Soldat mit Hakennase und Bürstenfrisur hatte mich beobachtet und schien mir ständig nachzuschleichen. Die andere Seite erhielt aus geheimer Quelle Informationen, das war bekannt. Offenbar dachten manche, ich wäre es, die der anderen Seite Geheiminformationen übermittelte. Ich schenkte dem möglichst wenig Beachtung, entwickelte allerdings die verdächtige Angewohnheit, bei jedem zweiten Schritt über die Schulter zu gucken.

Es war der 18. März, etwa ein Jahr nachdem mich der erste Papierflieger getroffen hatte. Ich verließ unsere Baracke um halb sieben, gerade ging die Sonne auf. Draußen roch es nach Benzin und Teer und in der Dämmerung torkelten zwei Soldaten in Camouflage von ihrer Nachtschicht zurück, zu müde, um mich nach meinen Absichten zu fragen. Ich eilte, während ich mir den Schlaf aus den Augen wischte, in Richtung der Militärbasis, hinter der ein großer Pavillon aus dunkelgrünen Planen stand, in dem wir unterrichtet wurden. Als ich die Schranke der Basis aus der Ferne sehen konnte, blieb ich abrupt stehen. Nur einen Finger breit von meinem Fuß entfernt auf dem frisch gelegten Asphalt saß ein Teufelskönig. Seinen Stachel drohend erhoben glotzte das Tier mich an, sein schwarzer Panzer glänzte im Licht der Sonne. Die Soldaten nannten ihn Kaiserskorpion.

Wir verharrten einen Moment lang, mit ernstem Blick behielt ich das Tier im Auge. Dann griff der achtzehn Zentimeter lange Skorpion an, indem er schlagartig seinen Stachel nach vorne riss. Ich machte einen Sprung über ihn und rannte zur Schule, als wäre der Teufel selbst hinter mir her. Ein abergläubischer Mensch hätte wohl von einem dunklen Omen gesprochen.

Ich war mit dem Schreiben an der Reihe und ich hatte es viel zu lange - beinahe drei Wochen lang - aufgeschoben. Ich hatte es mehrmals versucht, doch egal, was ich diesmal auf dem Papier niederschrieb, sobald ich an der Mauer stand und kurz davor war, es abzuschicken, entschied ich mich dazu, es noch einmal zu versuchen. Es war das vorletzte Kapitel unserer Geschichte, und somit sehr wichtig für das Abenteuer. Ich hatte kein Papier mehr und die letzten Reste meines Bleistiftes waren in der vergangenen Woche in sich zusammengefallen. Was ich mir zusammengereimt hatte, wollte ich in der Schule niederschreiben und dann in der Mittagshitze, wenn die Soldaten zum Essen gingen, den Flieger losschicken. So betrat ich mit all den anderen Lernenden das Schulzelt und setzte mich an meinen Platz, während ich gleichzeitig am ersten Satz des vorletzten Kapitels tüftelte.

Am Ende des Unterrichts tat ich, als würde ich wie all die anderen meine Sachen zusammenpacken. Alleine im Zelt, holte ich mir ein einzelnes Blatt Papier aus dem Schrank, zusammen mit einem gespitzten Bleistift. Ich begann schnell und ernst all das niederzuschreiben, was ich mir tausendmal durch den Kopf gehen lassen hatte, und als ich fertig geschrieben hatte, war ich endlich zufrieden. Endlich hatte ich das Gefühl, einen passenden Schluss gefunden zu haben. In mir kam Vorfreude auf das letzte Kapitel auf, das auf der anderen Seite geschrieben werden würde. Dann würde sie vollendet sein, die ganze Geschichte. Vielleicht würden wir dann ein anderes Abenteuer anfangen oder es endlich schaffen, uns Persönliches mitzuteilen. In mir waren tausend Ideen, die allesamt niedergeschrieben werden wollten. Langsam begann ich, einen Papierflieger zu falten.

Den Blick zum Eingang des Zeltes gerichtet strich ich mit dem Daumennagel entlang der Kante, die ich kurz zuvor ins dünne, dicht und mit winzigen Lettern beschriebene Papier gefaltet hatte. Der Zelteingang öffnete sich. Pfeilschnell ließ ich den halbfertigen Papierflieger unter der hölzernen Tischplatte verschwinden.

Unsicher starrte ich zu Boden, als die Lehrerin hereinkam. Eine junge Sozialarbeiterin, deren sorgloses Lächeln im harten Gegensatz zu ihrem Umgang mit den Schülern stand. Die Blondine hatte sich ihren Aufenthalt in Zouar wohl anders vorgestellt. Ihre Schüler behandelte sie wie Kleinkinder, obwohl manche von ihnen schon volljährig waren, und manchmal begegnete sie ihnen mit unverhohlener Abscheu.

»Was tust du hier? Der Unterricht findet erst wieder morgen statt«, sagte sie wild gestikulierend. Als ich keinerlei Reaktion zeigte, fügte sie sehr langsam hinzu, als hätte ich sie nicht verstanden: »Mor - gen. Nicht … Heu - te.«

Still tat ich, als würde ich mir die Schuhe zubinden und ließ dabei das gefaltete Papier in meiner Tasche verschwinden. Die Lehrerin hatte mich schon einmal erwischt, als ich Papier aus der Schule gestohlen hatte, damals einen ganzen Block, kurz nachdem mein Vater verschwunden war. Sie hatte gedacht, ich wollte es verkaufen, denn Papier war in diesen Zeiten teuer. Wenn sie gewusst hätte, dass ich in Wahrheit nur Geschichten schrieb… Ich hatte darüber nachgedacht, ihr von meinem Geheimnis zu erzählen, denn womöglich hätte sie die ganze Sache verstanden, doch genauso gut hätte ich ihr zugetraut, mich bei den Soldaten zu melden.

Eilig verließ ich das große Zelt, die dunklen Augen grimmig auf die hochgewachsene Frau gerichtet. Als ich einen Moment später aus dem improvisierten Klassenzimmer auf die Straße trat, brach mir eine Welle der Hitze entgegen. Die Sonne stand am höchsten Punkt des blauen Himmels. Ich zog mein Kopftuch weiter ins Gesicht und huschte über die staubige Straße in Richtung des Zeltlagers. Ich glitt unauffällig durch die emsigen Menschengrüppchen, die zwischen Militärstützpunkt und Dorf hin und her hasteten oder in Trauben um Marktstände herumstanden. Ich flitzte über den ehemaligen Marktplatz, durch die Zeltlager der Soldaten und folgte der Straße weiter, verließ sie dann aber nach rechts und durchstreifte eine Straße mit zerstörten Häusern, deren Betreten eigentlich verboten war. Schließlich ging ich noch einige Schritte weiter und überprüfte, ob mir jemand gefolgt war, bevor ich den Flieger hervorholte und ihn im Gehen weiterfaltete.

Ich war wieder dort, wo mir vor fast einem Jahr ein Papierflieger gegen den Hinterkopf geflogen war. Die tote Mauer versperrte mir die Sicht auf jene rätselhafte andere Seite, nach der ich mich mittlerweile schmerzlich sehnte. Mich zu beiden Seiten nach Soldaten umsehend kam ich ihr näher. Es wehte ein kräftiger Wind, der peitschende Sandkörner mit sich trug. Ein letztes Mal überflog ich die Zeilen, dann ging ich mit einem Lächeln in die Knie, holte mit dem Flieger aus und ließ ihn triumphierend in die Luft gleiten. Auf seiner Unterseite konnte ich ein letztes Mal etliche, schwarze Schriftzeichen ausmachen, bis er hinter der Mauer abtauchte.

Unbeugsam funkelte ich die Mauer an, bereit mich den Rest des Tages voller Vorfreude auf den letzten Teil unserer Geschichte auszuruhen. Ich hatte es geschafft und ich empfand nicht nur Glück, sondern auch Stolz. Und wenn auch keiner der Menschen, die ich kannte, jemals Anerkennung zeigen würde für das, was ich tat, hatte ich mir meinen Ruhetag wahrlich verdient. Ich hatte gesiegt.

Doch in diesem Moment geschah etwas, das mich im ersten Moment von Herzen erfreute und mir ein paar Sekunden später einen eiskalten Schauer über den Rücken jagte. Ein Papierflieger kam über die Mauer. Der letzte Teil unserer Geschichte konnte es nicht sein, wenige Sekunden, nachdem ich den vorletzten hinübergeschickt hatte. Also was war auf diesem Flieger niedergeschrieben?

Ich rannte dem Papierflieger entgegen und fing ihn aus der Luft. Er bestand aus kariertem, älteren Papier und war in jener Schrift geschrieben, die ich in den letzten Monaten schon so häufig gesehen hatte. Sofort faltete ich ihn auf.

»Sie halten mich fuer einen Verraeter. Ich werde gehen. Fuehre es zu Ende. Ich habe die Flieger, die du mir geschickt hast alle miteinander hinuebergeworfen, sie muessen in der Naehe dieser Stelle gelandet sein. Insgesamt besass ich einundsiebzig. Sammle sie und hefte sie zusammen, wenn du willst. Ich hoffe sehr, dass wir uns eines Tages wiederfinden.

Fuehre es zu Ende. Leb wohl.«

Mir rann eine Träne über die Wange, obwohl ich es nicht merkte. Ich sah mich um. Im Sand um mich herum lagen etliche Papierflieger verstreut, allesamt zur Hälfte durch den Sand verborgen. Ich starrte in die einsame Wüste. Ich hatte ein Gefühl, als würde mein Blut kochen. Es war vorbei. Für immer. Und ich wusste nicht einmal, wie er oder sie auf der anderen Seite hieß.

Taub vor Trauer und steif vor Enttäuschung begann ich, die Flieger einzusammeln, die um mich verstreut waren. Vom ersten an zählte ich mit und stopfte sie alle, ungeachtet ihrer äußeren Form, in meinen Mantel. Einunddreißig fand ich in meinem direkten Umkreis, achtzehn weitere einige Meter entfernt, doch es war die Rede von einundsiebzig gewesen, und so schwor ich mir, jeden einzelnen Flieger zu finden. Ich begann zu graben. Ich grub mit den bloßen Händen die oberste Schicht des glühenden rötlichen Sandes um und tatsächlich trug ich wenige Minuten später vierzehn weitere Flieger bei mir. Als nächstes ging ich die Mauer ab. Erst zweihundert Meter in beide Richtungen, dann, als ich nur vier weitere Flieger gefunden hatte, fünfhundert Meter. Anschließend suchte ich kauernd in den Ritzen zwischen den Felsen, in einem toten, ausgehöhlten Baum, in einer verrosteten Mülltonne und in den Überresten eines Lagerfeuers, bis ich insgesamt exakt siebzig Papierflieger gefunden hatte.

Schwer atmend stand ich da, das Gesicht von Dreck und Schweiß verschmiert, die Haut am Papier aufgeschnitten und mit siebzig

Papierfliegern im Mantel. Ein einziger Papierflieger fehlte mir noch. Nur noch einer! Und wie es den Anschein hatte, war es der, den ich als erstes geschrieben hatte. Als ich wieder zur Mauer kam, die Augenlider halb verschlossen, entdeckte ich ihn. Er hing im Stacheldraht über der Mauer.

Ich überlegte fieberhaft, wie ich dieses letzte Stück Papier in die Finger bekommen könnte. Es gab einen Weg. Es musste einen Weg geben. Wütend kam ich der Mauer näher. Ich atmete schneller und stierte hinauf zum Stacheldraht, den Kopf in den Nacken gelegt. Und dann traf ich eine Entscheidung.

Mein Blick zuckte von einem Punkt im brüchigen Mauergestein zum anderen, während ich meine Schuhe auszog. Der glühende Sand brannte sich tief in meine Haut. Ich setzte meinen rechten Fuß in eine kleine Lücke im Beton, aus dem ein Stück herausgebrochen war, während meine linke Hand nach den trockenen Überbleibseln einer Schlingpflanze griff. Einen Moment lang hing ich unbeholfen in der Luft, bevor ich mit einem wagemutigen Sprung zu einem Spalt gelangte. Ich krallte mich erneut an einer vertrockneten Pflanze fest und zog mich ein Stück hoch, sodass ich meinen Fuß in eine weitere Lücke, viel kleiner als die anderen beiden, setzen konnte. Mein Herz schlug schneller. Meine Gedanken rasten nun. Verzweifelt suchte ich nach einem weiteren Anhaltspunkt im verhassten Beton, fand jedoch keinen. Die Mauer war hier oben aalglatt, die einzigen Löcher waren viel zu klein für meine Finger. Je länger ich mein eigenes Gewicht halten musste, um so schmerzerfüllter wurde mein Gesichtsausdruck. Ich schrie vor Schmerz. Es gab nur noch zwei Möglichkeiten: Loslassen und in den dämonischen Sand fallen oder noch ein wenig höher kommen, den letzten Papierflieger retten und eilig wieder herunterklettern.

Mit einem Sprung, der mich durchaus mein Leben hätte kosten können, sprang ich ein kleines Stück höher und spürte unter meinen

Fingerspitzen die Mauerbrüstung. Ich versuchte es ein weiteres schmerzerfülltes Mal und bekam etwas zu fassen. Es war der Stacheldraht. Ich spürte, wie sich der Draht in meine Haut schnitt und warmes Blut meinen Arm herunterlief. Der Schmerz war nicht mehr heiß wie der Sand, sondern kalt wie Eis und unendlich tief. Stacheln gruben sich in meinen Unterarm, während meine Hand nach dem Papier tastete.

Was ich unter meinen unermüdlichen Bemühungen, die Papierflieger zu finden vergessen hatte, waren die Soldaten. Als die Patrouille mich dann vom Weitem erblickte, kamen sie mit erhobenen Waffen auf mich zu gerannt. Sie dachten, ich würde verschwinden wollen. Und außerdem dachten sie, ich wäre die Verräterin.

Endlich bekam ich etwas zu fassen, das ein Papierflieger hätte sein können, als eine rauchige Stimme brüllte: »Komm sofort da runter oder wir schießen.«

Ich wusste, sie würden nicht schießen. Nicht so lange ich nicht im Stande war, die Mauer zu überqueren. Ich hatte, was ich gesucht hatte. Nun wollte ich schnellstens wieder runter. Ich wollte zu meiner Schwester, ihr die Geschichten noch einmal von vorne bis hinten vorlesen und dann eines Tages mit ihr aus Zouar verschwinden. Ich wollte den Stacheldraht mit all seinen Klingen und Stacheln loslassen und wenn nötig die nächste Nacht in einer Zelle der Amerikaner verbringen, doch es ging nicht. Die Widerhaken im Stacheldraht hatten sich in mein Fleisch gefressen und hielten mich gefangen. Mein Arm war taub. Und dann kam ein Impuls in mir auf, den ich seit langem aus gutem Grund unterdrückt hatte. Ich wollte wissen, wer mir vor knapp einem Jahr einen Papierflieger an den Kopf geworfen hatte, mit wem ich über Wochen hin- und hergeschrieben hatte, und wer nun von den Seinen verfolgt wurde, aufgrund derselben Anschuldigungen, die man mir gegenüber machte. Ich wollte sehen, wer auf der anderen Seite stand. Hinter der Mauer. Ich musste diese Person sehen, die mir so fern und doch so nahe zugleich war. Ich musste es jetzt wissen. Die Person musste einfach noch dastehen, dieses eine Mal. Sollten sie doch ihre widerwärtigen Maschinengewehre benutzen.

Mit eisernem Willen zog ich mit noch weiter nach oben, wobei sich endlich mein Arm vom Draht löste. Dann setzte ich meinen Fuß auf die Brüstung.

Sie feuerten. Acht Kugeln durchschlugen meinen Körper. Ich fiel. Eine Wolke aus kleinen, großen, grauen, weißen, karierten, linierten und teilweise blutroten Papierfliegern breitete sich über der Mauer aus und wie die weißen Wüstenschwalben flogen sie in alle Richtungen davon, drehten sich im Wind und schossen hintereinander her, während mein geschundener Körper erloschen zu Boden glitt und der Sand von Zouar mit Blut getränkt wurde. Menschen aus der Stadt kamen angelockt vom Lärm herbei und begafften die Szene. Sie begruben mich als Verräterin.

Mein Name lautet Malaika und das war meine Geschichte.

Julia Mamminga

Witzig

Und sie hat gelacht. Und alles war gut. Denn alle haben gelacht. Es scheint doch nicht so ernst zu sein, wenn alle lachen. Und ich guckte sie an.

Ihr Mund lachte. Sie hatte wunderschöne Grübchen. Aber diese Grübchen machten ihren Job herrlich und lachten schelmisch in sich hinein, weil sie wussten, dass sie immer logen. Ihr Mund lachte. Ihre Augen nicht.

Sie weinte. Aber immer wenn sie weinte, dann waren ihre Augen trocken. Trocken wie die Sahara-Wüste. So trocken, dass nicht einmal mehr Augentropfen etwas brachten. Und so schmerzhaft brennend, dass sie es nicht einmal mehr spürte.

Und sie hat gelacht. Und alles war gut. Denn alle haben gelacht. Wenn alle lachen, dann muss es doch urkomisch sein.

Aber warum weinte sie dann? In sich hinein, auf den Boden guckend und tief schluckend.

Sie grinste. Und immer wenn sie grinste, blendeten einen die hell aufgebleechten Zähne. So sehr, dass man blind wurde. So blind, dass man seine Empathie verlor. Blind für Gefühle. Blind für gebrochene Persönlichkeiten und in tausend Teile zersprungene Herzen.

Die Zähne waren so weiß wie T-Shirts, die man mit Perwoll gewaschen hat. So weiß wie die Füße der Klischee-Deutschen »Socken-in-Sandalen«-Träger. So weiß wie das Gesicht nach einer ordentlichen Schicht Sonnencreme, die die besorgte Mutter einem ins Gesicht klatschte, als man noch süß und unschuldig war. Und sie hat gelacht. Und alles war gut. Denn alle haben gelacht. Wenn alle lachen, dann muss es wohl legitim sein.

Aber man sah ihr an, dass sie anderer Meinung war. Aber wie hätte sie, sie ganz alleine, etwas gegen die Menge sagen können, gegen die lachende Menge?

»Ich finde es nicht legitim, Menschen. Hört mir zu. Respektiert mich.« Und alle hätten ihr zugestimmt? Läuft das so?

Aber wie hätte sie, sie ganz alleine, mit einem Charakter so schwach, etwas sagen können, etwas sagen können gegen die lachende Menge? Lauter gelacht hätten sie, davon war sie felsenfest überzeugt. So felsenfest, wie sie noch nie von etwas überzeugt gewesen war. Ihre Meinung so hart und stark wie die Männer um sie herum. Und ihr Hass gegen diese verschwitzten, wilden Männer so intensiv wie stürmische Küsse im strömenden Regen, wie Umarmungen unter dem Sternehimmel, so intensiv, wie ich meinen Kaffee nach einer langen Nacht brauche.

Schwarzer Kaffee, so schwarz wie die Fantasien dieser sexhungrigen Meute. So pechschwarz wie ihre Seelen und ihr Karma.

Aber diese Jungen sind gottlos und glauben weder an Frauenrechte, noch an Karma.

Und Gott sagt, liebe deinen Nächsten. Liebe deinen Nächsten, sagt Gott.

Aber diese sexgierigen Menschen glauben nicht an so einen Humbug und Hokuspokus. Und an Frauenrechte auch nicht. In ihrer Welt wäre dieser »Gott« wohl eine Frau. Was eine Frau sagt, sagen die Männer, das stimme nicht.

Und sie hat gelacht. Und alles war gut. Denn alle haben gelacht.

Und sie hat geweint. Immer noch in sich gekehrt, mit trockenen Augen. Ihr Herz weinte, das sah man ihr an. Ich bin kein Kardiologe, aber das sah ich. Ich sah es ganz genau. Das Herz, welches so bitterlich weinte, dass wohl keine Korken der Welt die unzähligen Löcher hätten stopfen können, fühlte nichts mehr.

Und wenn das Herz nichts mehr fühlt, wie lebt man dann? Sie liebte nicht mehr. Dieses weinende, lieblose Wesen, diese nassgeweinte Hülle, liebte nicht mehr. Niemanden. Und das Schlimmste ist, nicht mal sich selbst.

Sie war aber ein Schauspieltalent, die ihre Liebe vorspielte, die sie noch aus lang vergangenen Tagen kennt. Tage, an denen sie noch süß und unschuldig war und ihre Mutter sie mit Sonnencreme einfettete wie ihre Keramik-Pfannen mit Butter. Ihre Liebe ist fake wie Daniela Katzenbergers Teint, Michaela Schäfers Brüste, Catfishes, Prank-Videos auf YouTube und die Liebe, die alle Drake zeigen. Und sie hat gelacht. Und alles war gut. Denn alle haben gelacht. Und alle haben geredet. Auf sie ein. Über sie. Mit ihr eher selten.

Und dieser Druck auf ihren Schultern war beängstigend wie schnelle Autos, Feuer in der Nähe einer Tankstelle und die Menschen, die ihr Toast mit einem Messer aus dem Toaster holen wollen, weil es zu tief drinsteckt.

Der Ballast auf ihren Schultern so schwer wie ein Kilo Federn oder ein Kilo Steine, was auch immer jetzt schwerer ist.

Der Druck ihres Umfeldes so hoch wie der auf meinen Ohren, wenn ich im Flugzeug sitze. Und ich kralle mich schmerzverbissen in den Sitz und weine dann dort oben immer, weil meine Ohren so ziehen. Wie hält sie das bloß aus?

Ich hatte es irgendwann begriffen, also wie sie das aushielt. Sie lachte einfach. Sie hat gelacht. Weil alle stets lachten. Und wenn alle lachen, dann muss es wohl einen Grund haben.

Dabei war ihr Wesen schon so heruntergekommen wie Junkies, die ohne Spritze im Arm nicht mehr anzutreffen sind. Wie die Bahnhofsmission in Berlin und wie die Toiletten in der Bahnhofsmission in Berlin. So heruntergekommen wie manche Wohnungen bei meiner Lieblingsserie Frauentausch.

Ja, genauso heruntergekommen.

Sie war so geknickt, wie die Typen sie gerne haben. Ein Knicks und er genießt ihren Walk-of-Shame, ihr Leiden und ihr Würgen. Er mag es. Sie alle mögen es, wie sie, die junge Dame mit den trockenen Augen und dem verheulten Herzen, vor ihm kniet und ihren Job erledigt.

Ja, sie ist so geknickt, wie er es liebt. Wie alle es lieben.

Und sie hatte früher kein Verständnis dafür. Damals hatte sie noch geweint, wie es üblich ist. Mit Wasserfällen aus den Augen. Wie aus Kübeln und aus Eimern. Wie aus Gießkannen. Mit ganz viel Mascara auf der Wasserlinie.

So nassgeweint war sie, dass sie aussah wie Marilyn Manson bei seinen Konzerten.

Aber sie, diese wunderhübsche Frau mit den Grübchen tiefer als die Charaktere der Männer, die sie benutzen, versteht die Männer mittlerweile.

Sie ist kaputt. Eine lieblose Hülle, die unmenschlich kaputt ist. Sie hat keinen Wert, sagt sie.

Frauen sind wertlos. Sie können blasen und sie können kochen. Wenn sie aus dem niedlichen Alter heraus sind, das mit dem Wachsen ihrer Brüste zusammenhängt, dann kann man die Weiber herumschubsen. Dahin, wo sie gebraucht werden.

Süß wie Honig war sie mal. Teuer wie hundert Kamele. Golden wie kein Gral der Welt.

So süß und unschuldig.

Und sie hat gelacht. Und alles war gut. Denn alle haben gelacht. Auch ihre Freundinnen. Gelacht über ihren Wert. Und darüber, wie dumm sie doch war. Sie hat sich auch zu kurz angezogen.

Kein Wunder, dass er sie ficken wollte.

Kein Wunder, dass er es auch getan hat. Mehrmals.

Wenn sie aus diesem einen Mal auch nicht lernt?

Ihr Rock angeblich so kurz, wie sie sich das Leben wünscht. So kurz wie die Dauer des Schmerzes beim Pflaster-Abziehen. So kurz wie ihre Körperbehaarung. Denn nirgends darf eine Frau Haare haben, außer auf dem Kopf. Jeden Tag rasiert sie ihre müden Beine stundenlang, denn sie hat ja so viel davon. So viel Bein hat sie. Ihr Oberteil angeblich so eng wie Wurstpelle. Wie Leder, das bei dreißig Grad auf der Haut klebt. Und das Oberteil transparent. So transparent wie die Blicke der Männer. Man sieht, was in ihren Köpfen vorgeht. Ja, ihre Blicke waren stets transparent. Und ihr Busen so gepresst wie Schinkenwurst und ihr Lächeln. Na, wenn das so ist. Wenn sie so rumlief. Wieso macht sie denn auch sowas? Sie muss doch damit rechnen!

Holla die Waldfee, diese Frau war herrlich dämlich! Eine Nutte, sagen sie. Eine Hure, sagen sie. Wie sie alle, sagten sie. Sie war eine Nutte, wie sie alle. Sie wollte sich nicht mehr ausziehen. Aber die Männer haben ein Recht darauf. Sie dürfen mit diesen Damen machen, was ihnen lieb ist. Das sagen sie. Und was sie sagen, ist Gesetz.

Ja, sie hat gelacht. Und alles war gut. Denn alle haben gelacht. Aber am lautesten hat sie gelacht. Mit ihren Freundinnen, manchmal ohne ihre Freundinnen.

Nachts, wenn sie nicht schlafen konnte. Weil sie auf einmal alleine war. Kein Mann, der hinter ihr stöhnte. Kein Mann, der sie berührte. Keiner, der sie gerade benutzte.

Sie konnte oft nicht schlafen. Und dann saß sie regungslos am Fenster. Sie schluchzte nicht mal mehr. Ihr Kissen triefte nicht mehr vor Tränen.

Ihr Blick starr in die Ferne, weil sie wünschte, dort zu sein. Im Jenseits. Nicht mehr hier. Tot. Weil sie sich so sehr sehnte, nach sich selbst. Nach ihrem Sinn, nach ihrem Wert. Wo waren die hundert Kamele, die sie einst wert war?

Ihr Leben ritt auf ihnen hinweg, ohne seine Hülle. Seine wunderwunderhübsche Hülle, mit den tiefen Grübchen, dem Zahnpasta-Werbung-Lächeln und den langen Beinen. Und sie konnte nichts mehr tun. Nichts. Nichts, was der Geist gewollt hätte. Sie wehrte sich anfänglich noch. Bis sie merkte, dass sie nicht ernst genommen wird. Die Männer nahmen sie nie ernst. So ein hübsches Püppchen, wie sie war.

Ihr »Nein« war so sinnlos wie die Frage »Darf ich?« der Männer, denn sie taten es so oder so, unabhängig von ihrer Antwort. Ihr »Nein« war so absurd wie das »Ja«, denn egal was die Männer zu hören bekamen, sie taten es so oder so.

Ihr »Nein« war so dünn, wie das Eis am Nordpol 2050 sein wird. So dünn wie die Stelzen, mit denen sie als wildes und witziges Kind umherlief.

Tag ein, Tag aus. Und so dünn, wie ihre mittlerweile blaugequetschten Handgelenke, die die Männer mit ihren Riesenpranken umschlossen.

Und mir wurde ganz mulmig zumute, als ich realisierte, dass sie nicht die Einzige war. Das einzige Opfer von sexueller Belästigung, Missbrauch und Vergewaltigung.

Ich fing auch an zu weinen, in mich hinein. Auf den Boden guckend und schwer schluckend. Vom Druck geknickt. Und ich lachte, denn alle lachten. Und wenn alle lachen, dann ist es wohl witzig.

»Ni santas, ni putas, sólo mujeres.«

Geteilter 3. Platz in der Altersklasse U18

Jonna Steffen

A Casual Monday

Montagmorgen – 9.45 Uhr –, Ende der ersten Pause.

»Ding, Dong«.

Aufgeschreckt, T-Shirt runtergezogen, gerade hingesetzt, zur Tafel gestarrt.

Montagvormittag – 11.10 Uhr –, Ende der zweiten Pause.

»Ding, Dong«.

Gespült, Tür mit dem Bein aufgeschubst, Hände kurz unters Wasser gehalten, abgeschüttelt, zurück in die Klasse gegangen.

Montagmittag – 13.10 Uhr –, Ende der Mittagspause.

»Ding Dong«.

Die Jacke vom Stuhl runtergezogen, fünf Euro auf dem Tisch liegen lassen, möglichst langsam zurück zur Schule gegangen, zu spät gekommen.

Geld hat sie. Vieles andere nicht.

Montagnachmittag – 16 Uhr –, eine Stunde nach Schulschluss.

»Ding, Dong«.

Eine Stunde sitzen geblieben, Klodeckel zugemacht, gespült, Hände kurz unters Wasser gehalten, abgeschüttelt, Pfefferspray umfasst, auf den Weg gemacht.

Montag, später Nachmittag – 17 Uhr –, nachdem sie Zuhause angekommen ist

»Ding, Dong«.

Die mitleidigen Blicke der Mutter auf sich ertragen, Rucksack hingeschmissen, in das Zimmer verkrochen, YouTube geöffnet, geweint.

Montag, früher Abend – 19 Uhr –, kurz bevor ihr die Freundin des Jungen eine weitere SMS schreibt.

»Ding, Dong«.

Handy genommen, neue Kommentare gelesen, das Video noch einmal gesehen, seine Hände wieder auf sich gespürt, ihre aufkommende Panik unterdrückt, ins Badezimmer verkrochen.

Montagabend – 21 Uhr –, als ihr klar wird, dass es so nicht weitergehen kann.

»Ding, Dong«.

Rasierer runtergeschmissen, Klinge herausgenommen, Klinge in den Mund gelegt, Klinge wieder ausgespuckt.

Montagnacht – 23 Uhr –, noch dreiundneunzig Tage bis zum Abi.

»Ding, Dong«.

Neue Kommentare, entschieden, sich weiterhin peinigen zu lassen, nicht schlafen zu können, sich das Top von Mitschülern ausziehen zu lassen, in der Schule immer schlechter zu werden, niemanden außer sich selbst zu beschuldigen, niemanden in ihrer Familie mit ihrem Gehen verletzten zu wollen.

Ein gutes Herz hat sie. Bis zum nächsten Morgen, an dem ihr dieses in der Kinderklinik Altona entnommen wurde, um es einem anderem Kind zu spenden. Die Handvoll Tabletten, die sie zum Frühstück geschluckt hatte, waren wohl doch zu viele.

Ecem Düzgün

Eine Form annehmen

Ein Zimmer, das unzugänglich, nicht wegen einer fehlenden Tür, sondern wegen der Furcht derer, die es nicht betreten zu wollen schienen, in Einsamkeit verweht. Auch das gesamte Gebäude bevorzugte man zu meiden, sodass man nicht in die Nähe dieses verlassenen kleinen Teils einer riesigen Stadt gelangte. Es war keine Grausamkeit, die dort stattgefunden hatte, kein Verbrechen, das man ihm anlasten konnte, keine paranormalen Geschehnisse, die ihm nachgesagt wurden. Es war eine unbegründete Angst. Selbst Kinder, bekannte Wesen der Leidenschaft für die Entdeckung des Fremden, hielten sich fern von einem solch düsteren und traurigen Ort.

Es war ein Morgen wie jeder andere. Das Mädchen erwachte aus einem leichten Schlaf, aus Alpträumen, und in einer noch kälteren Dunkelheit, als in der Nacht geherrscht hatte. Sie öffnete eine der riesigen Fensterläden. Der Himmel wirkte blass und bestürzend, doch sie drehte sich um, holte tief Luft und schloss die Augen. Ihre Lunge zerbrach an jedem feuchten Ausstoß des Windes, welchen sie einatmete, während ihre Seele sich schwerelos den Wolken anpasste.

Das Mädchen zog die Augenlider hoch. Lange schwarze Wimpern streckten sich auseinander, damit ihre bräunlichen Augen hervortreten konnten. Mit einer eleganten Handbewegung strich sie die feinen Haare zu einem Zopf zusammen.

Ihr Rücken berührte die glattgestreifte Matratze in ihrem Zimmer, die Beine waren fast senkrecht an der Wand angelehnt und ihre Arme stützten ihren Kopf.

Sie schloss ihre Augen und ihre Mundwinkel fingen an sich langsam zu entspannen, bis sie völlig losgelöst von den Wangen fielen. Ihre Augenlider hörten auf zu zittern. Ihr Atem streifte an ihren Lippen vorbei. Die Welt war leise.

Beobachtend, wie die Sonne langsam für eine kahle Wärme sorgte, ergriffen ihre Tagträume wieder ihren ganzen Verstand. Ein Mädchen, wie sie es sein musste, vergab ihre Zeit nicht an wilde Vorstellungen, sondern an hoffnungslose Wünsche.

Plötzlich schlichen sich Geräusche in ihre Gedankenlosigkeit.

Zwei Drehungen nach rechts, ein leichtes stampfen der Fußsohlen, eine kurze Pause und jemand ruft, aber die Worte prallen nur an die Wand, sie durchdringen sie doch nie.

Die eingetroffene Gestalt war die Mutter, eine zierliche, verschleierte Frau. Sie öffnete ihre Augen nicht, sie erkannte die leichten Bewegungen ihrer Mutter nur durch die sanften Reibungen ihrer Klamotten.

Der Druck überfiel sie, presste ihre Lunge zusammen, reduzierte ihren Herzschlag und ließ ihren Körper kalt. Es war nur der Schatten der Mutter, der an ihr vorbeitrat.

Ihre Beine schwankten und ihre Zehen verkrampften bei dem Versuch, sie zu stabilisieren.

Sie war wieder gefangen. Sie war gefangen in einem Raum von Erwartungen und Verantwortungen. Die Worte kreischten durch ihre Adern. Sie lagen wie Steine auf der Brust und zerrten an ihren Fingerspitzen.

Jetzt war sie viel mehr Mensch als Lehm.

Doch es klopfte jemand an der bescheidenen, rostigen Haustür. Der Schreck über diese ungewöhnlichen Laute zog ihr verzweifeltes Herz in vertraute Neugier.

Hätte man sich wohl überhaupt erkundigt, wäre man nicht an solch einen Ort gelangt.

Nach Sekunden blickte sie auf die große veraltete Tür, die schon bei der kleinsten Bewegung Töne der Zerstörung von sich gab. Im Spalt kontrollierte das Mädchen den Besuch.

Er trat hervor.

Er reichte ihr die Hand und seine Hände waren kalt, doch die Kälte sorgte für eine angenehme Begrüßung in der Wärme. Die blonden Haare waren veredelt durch die Sonnenstrahlen und die Augen wie vom Himmel gelobt.

Seit ihrer Anreise aus Afghanistan mit ihrer Mutter, aus einem Kriegsgebiet, in dem Feuerwaffen und Kontrolllichter den Tag länger hell hielten als hier, hatte sie niemand mehr mit Achtung angesehen, sondern als wäre sie eine Bedrohung.

Normalerweise überholen Vorurteile den Willen, sie zu verdrängen. Doch dem Mann sollte es gelingen, mir die Hand zu geben, ohne sie danach an allem Waschbaren abzuwischen, dass in der Nähe lag.

Jetzt waren wir viel mehr Mensch als Lehm.

Friedrich Gaulke

Aus der Biographie eines erfundenen Mädchens

Als sie klein war, noch kleiner als jetzt, wurde ihr eine Geschichte erzählt. Sie erinnert sich nicht mehr genau, worum es ging, nur ein einzelner Satz war noch verankert in ihrem Gedächtnis.

Später erfuhr sie, dass die hervorragende Geschichtenerzählerin diesen Satz von einem Herren mit Namen Josef Broukal gestohlen hatte und dass das Königreich des Märchens in Wahrheit nie existiert hatte, weder mit noch ohne Drachen. Aber die gestohlenen Worte blieben ihr im Kopf: »Man kann die eigenen Grenzen nur feststellen, indem man sie gelegentlich überschreitet.«

Das kleine Mädchen mit den putzigen Grübchen und rabenschwarzen Locken wusste nicht wie. »Schreiten« klang so elegant. Meistens stolperte sie. Oder fiel.

Damit kannte sie sich aus. Sie fiel viel, nur nicht auf.

Ihr Weg war gepflastert mir unzähligen Stolpersteinen und im Laufe der Jahre, während ihre Haare länger und ihre Grübchen tiefer wurden, lernte sie nicht, wie man ihnen auswich, sondern wie man mit ihnen umging.

Mit verträumten Augen lag sie manchmal einfach nur da, auf dem kleinen Grasstreifen am Wegesrand, den Blick zum Horizont, in ihren Gedanken verschwunden.

Ihre Phantasie besaß keine Grenzen. Was sie träumte, wurde wahr, wenn auch nur für ein winziges Blinzeln, einen kleinen Augenblick in dem weiten Himmel. Dann brach der Alltag wie Regen über sie ein.

Doch jeder Traum, jede Geschichte war sicher geborgen in Kopf und Herz und wartete voller Ungeduld auf ihre Fortsetzung.

Sie hätte wohl Jahre so verbracht. In Gedanken fliegend und körperlich an die Realität gefesselt. Bruchstückhaft glücklich und gleichzeitig zusammenhanglos verloren.

Doch der Zufall gab ihr das, was sie sonst nur aus Märchen kannte. Eine kleines Wunder. Dieses Wunder war ein junger Mann. Ein vielversprechender Prinz, wenn man so will.

Der junge Mann mit den hellen blauen Augen fühlte sich nicht wie in einem Märchen. Im Gegenteil. Dennoch wurde er so bezeichnet. »Vielversprechend«, von klein auf.

Sein Weg wirkte so klar, so direkt. Asphaltierter Beton, gewalzt durch den erfolgreichen Geschäftsmann, den er vor Fremden mit »Sir«, vor Freunden mit »Vater« und alleine gar nicht ansprach.

Mit wachsender Kerzenanzahl auf den Geburtstagstorten, wuchsen die Muskeln, füllte sich der Ordner mit guten Schulnoten und Empfehlungsschreiben.

Er würde irgendwann die Firma übernehmen. Lebensmittel herstellen, die er selbst nicht ausstehen konnte.

Die Grenzen lagen nicht vor ihm, sondern hinter ihm, jedoch wie Stacheln im Rücken.

Jedes Scheitern, jede nicht-fehlerfrei erbrachte Leistung war wie ein weiterer Stich, der seine anfangs hellblauen Augen, ein Stückchen grauer werden ließ.

Und er konnte es nicht mehr hören. Jedes Wort hinter seinem Rücken, über sein »perfektes Leben«.

Er hatte nicht darum gebeten.

Er wollte nicht erfolgreich sein.

Wie wäre es denn mit »Glück«-reich oder...einfach nur zufrieden?

Er schloss die Augen. Wo früher die Phantasie eines brillanten Lügners, das Gehirn eines kreativen Chaoten und das Herz eines sagenumwobenen Helden steckte, waren nur noch Zahlen, Termine und dann ein Flackern.

Nicht jetzt, bitte nicht--.

Hektische, ungeordnete Gedanken, bevor die Welt um ihn herum die Umrisse verlor und der Boden näher kam.

Ächzend, verdreckt und verwirrt richtete er sich auf. Er war nicht sicher wie viel Zeit vergangen war. Minuten? Stunden? Es war nicht sein erster Blackout, doch diesmal kam er so plötzlich.

Erst jetzt bemerke er, dass er nicht allein war.

Locken fielen über ein verschlafenes Gesicht, das trotz der besorgten Augen zu lächeln schien.

Sie war weder als hübsch noch als hässlich zu beschreiben. Gewöhnlich? Vielleicht war das das Wort, dass er suchte.

»Ist alles okay? Hast du dich verletzt?«

Erstaunen, ein kurzes Kopfschütteln, dann eine plötzliche Ruhe, die er lange nicht mehr gefühlt hatte.

»Kennen wir uns?«, fragte er. Er war sich einigermaßen sicher, sie noch nie gesehen zu haben. Andererseits war die Wahrscheinlichkeit, dass er ihr Gesicht einfach vergessen hatte, geradezu erschreckend hoch.

»Ich kenne dich, doch mich kennen nur wenige«, erwiderte das Mädchen zögerlich. »Falls mich jemand überhaupt sieht, macht er sich meist nicht die Mühe mit mir zu sprechen.«

»Oh, das – äh – tut mir leid«. Peinlich berührt versuchte er aufzustehen, doch der hoffnungsvolle Ausdruck auf dem fremden Gesicht hielt ihn zurück.

Seufzend setze er sich wieder.

»Was tust du hier draußen?« Sein Blick wanderte über ihr weißes Kleid, auf dem kleine Grasflecken zu sehen waren.

»Ich schreibe eine Geschichte.«

Vielleicht hätte er doch gehen sollen, solange er noch konnte. Von Zetteln oder Stiften war keine Spur zu sehen und sie trug auch keine Tasche.

»Ich – ähm..«

»Nicht auf Papier«, sprach sie, während sie sich mit schüchternem Lächeln ihre Hand an ihre Schläfe führte.

»M-möchtest du eine hören?«

Mit ihren letzten Worten rollten Tränen über seine Wange, doch als sie verstummte fand sich ein Lächeln auf seinem Gesicht. Und zum ersten Mal in seinem Leben beschloss er die Grenzen, die sein Vater ihm gesetzt hatte, zu überschreiten.

Er bat sie zu schreiben. Alles. Diesmal auf Papier.

Aus einer Geschichte wurde ein Buch, aus einem Mädchen eine Autorin. Der junge Mann gründete gegen den Protest seines Vaters einen eigenen Verlag und aus ihrem persönlichen Märchen wurde Realität.

Eine Geschichte, ein Märchen, ein Text, hat vielleicht nicht die Macht, die ganze Welt zu verändern, aber genug Kraft um Stück für Stück eine Grenze, die nicht überschritten werden kann, zu überschreiben.

Kimberley Kuhmichel

Haus und Rauch

I.

Es knistert. Ruhig. Ruhig bleiben. Meine Augen schwanken zwischen den engen, bedrückenden Bäumen und dem holprigen Feldweg. Ich schmecke den angenehmen Duft der Natur und Spuren meines Chai Latte von vor drei Stunden. Meine trotzige Müdigkeit passt zu der Lustlosigkeit und der fortlaufend gesuchten Motivation für das tägliche Aufstehen und Arbeiten.

Bleib ruhig. Ruhig bleiben.

In stressigen Situationen sollte man ruhig atmen, sagte mir mein Therapeut unzählige Male. Ich atme. Meine Füße fühlen sich taub an und meine Hände gleichen einem Eisblock in der Antarktis. Ich laufe. Ich laufe in Richtung Sonne, die eine Abenddämmerung aus Rot und Gelb zeichnet. Ich war nie bei den Pfadfindern, wie mein Vater es wollte. Meine Herzfrequenz gleicht dem Takt des Spechtes, der mit seinem kleinen Schnabel gegen die Baumrinde pickt, während ich in meinen Gedanken an meinen Vater denke. Meine Angst steigt wie eine Gondel, die Richtung Bergspitze fährt. Während ich weiter den vertrockneten Feldweg gehe, fällt mir auf, dass ich mich nähere. Meine Gedanken scheinen so schwer, dass ich denke zu ersticken. Es zieht mich hin. Wenn sich ein Kapitel öffnet, muss sich ein altes schließen, und ich atme. Ruhig.

Es ist größer, als ich es in Erinnerung habe. Diese Macht des weißen Gehäuses drängt in meine Erinnerungen, die mir zugleich ein schlechtes Gewissen machen und eine übernatürliche Nostalgie, die für mich unbedenklich war, strömt mir in den Körper.

Vor dem Haus steht ein großer, dunkler Baum, dessen verknorpelte Äste ein Spiel aus Verunsicherung und Selbstvertrauen zu spielen scheinen, dessen Rinde abgespalten ist und fast schwarz aussieht. Die Rinde fühlt sich trocken an, als wäre sie wie das Schleifpapier, welches ich jeden Tag auf der Arbeit benutze. Ich frage mich, wie alt dieser Baum wohl sein mag, da seine Blätter noch so strahlend grün scheinen, dass sie mir ein Gefühl von Licht und Kraft schenken.

Ich liebte schon immer diesen kühlen, natürlichen Duft, der mich befreit. Befreit von Anstrengungen und meinem Alltag voll Routinen. Jeder Atemzug verleiht mir Frische und diese Kraft, die ich im Alltag nicht verspüre. Doch eigentlich denke ich an meine erste große Sommerliebe, die mir dort mein Herz brach, weil ich wohl nicht das Mädchen war, das er in mir gesehen hatte.

Ich wandere den Feldweg aus einem Gemisch von hellen und dunklen Steinen entlang, deren Formen Perlen gleichen, und begebe mich in Richtung Holzveranda. Mir kommt beim Anblick dieser von Erde und Zeit verschmutzten Veranda die Erinnerung, wie strahlend weiß sie war, als mein Vater sie mit seinen bloßen Händen an einem warmen, sonnigen Frühlingstag baute und mir verbot, ihm zu helfen, weil ich ein Mädchen war. Ich mochte das handwerkliche Arbeiten, doch durfte ich zu Hause nie mit anpacken, weshalb ich es in der Schule tat. Ich war gut darin und konnte meinen negativen Gedanken einen Körper verschaffen, das gefiel mir mehr als das Stricken von Schals und Mützen.

Die drei Holzbänke, die mittlerweile nicht mehr mit dem hellbraunen, stilvollen Holzlack angezogen sind, sondern eine Kombination von Erde und altem, dunklem Holz tragen, stehen immer noch an derselben Stelle wie vor vielen Jahren.

Das Haus, genauer gesagt das Schloss, ist so gigantisch, dass ich mich klein und unbedeutend fühle. Das Dach kastanienbraun, mit zwei kleinen Fenstern, die dem Dachboden Licht schenken. Eine Garage, die im Gegensatz zum Haus winzig aussieht, und trotzdem übermäßig groß ist. Die Garnitur der Wände einfarbig, weiß-gelb und abgeblättert, kleine Feinheiten der Struktur, der Muster. Mein Vater mochte es immer einfach und schlicht.

An manchen Stellen der Außenwand, links und rechts, rings um die Eingangstür haben sich Äste dort ein Zuhause gemacht, wo ich einmal daheim war.

Die unzähligen Fenster waren früher so sauber, dass ich als Kind nicht mal wusste, dass wir Fenster haben, weil unsere Reinigungskräfte sie täglich putzten. Die Fensterrahmen sind grauer als die Asche in dem Aschenbecher, der den Schreibtisch meines Vaters schmückte, und ich denke daran, wie er mir im jungen Alter eine Zigarette anbot, die ich selbstverständlich ablehnte, weil ich nicht so sein wollte wie er.

Ich hole eine Schachtel Marlboro aus meiner Innentasche heraus und zünde mir eine überteuerte Zigarette an. Der erste Zug fühlt sich an, als würde der Druck von meinen Schultern in Richtung Erdboden rutschen und versinken.

II.

Ich frage mich, wie lang keiner mehr hier war, seitdem er fortgegangen ist. Ich setze mich auf die verschmutzte Veranda. Hier sitze ich. Allein, auf einer Veranda, auf der das Glück des Hauses ruhte, doch ich fühlte mich nie von Glück erfüllt, wenn ich hier war. Ein Haus voller Hoffnung und Trauer und ich weiß nicht, damit umzugehen. Die Insekten nähern sich meinen verdreckten, dunkelroten Schuhen, die nicht zu meiner dunkelblauen Jeans passen, doch mich stört es nicht.

Ich sehe den undicht gewachsenen Rasen, dessen Duft mich zum Schmunzeln bringt, da ich ihn vermisst habe, weil ich in meiner Einzimmerwohnung mitten in der Stadt nie Rasen zu sehen, geschweige denn zu riechen bekomme. Ich fühle mich wie in einer

Trance aus Kindheitserinnerungen und gemischten Gefühlen, die von Trauer bis Erleichterung schwanken. Ich richte mich auf, wische die alte, vertrocknete Erde von meiner Hose und schleiche Richtung Haustür. Ich gehe die drei Steinstufen hoch, versuche ruhig zu atmen, bleibe stehen.

Meine Gedanken gleichen einem Tsunami, der alle Häuser mit sich zieht. Ruhig. Bleibe ruhig. Die Tür ist massiv, aus Holz, und die Glasfenster verschaffen der Tür einen modernen Look. Die Türklinke ist voll Berührungen, die ich von ihm nie bekommen habe. Ich wage meine Hand an der Tür abzulegen. Sie fühlt sich eiskalt und rau an, wie ich es in Erinnerung habe. Während ich über die Holztür streiche, höre ich, wie der Lack absplittert und kleine Fetzen auf die Veranda fallen, während die Vögel Lieder singen. Ein Blick in das Innere entflieht mir dank der Sonnenstrahlen nicht und meine Angst vor unentdeckten und verdrängten Gefühlen steigt.

Alles ist leer. Der Eingangsbereich voller Leere, die ihn größer scheinen lassen, als er früher mit der Garderobe und den Schuhen meiner Eltern und Geschwister aussah. Die Wände grau, die Decke dank des Stucks immer noch so edel, wie es meine Mutter mochte. Ich kann das gemeinsame wöchentliche Abendessen förmlich riechen, welches jeden Sonntag von den Köchen zubereitet wurde, um dieser Familie den Schein zu geben, glücklich und zufrieden zu sein.

Mir kommen sehr viele Erinnerungen in den Sinn, wie das tägliche Abendbier meines Vaters, die Versteckspiele vor den Bösen des Hauses mit meinem kleinen Bruder, von dem ich heute nicht mehr weiß, wo seine Seele schwirrt.

Atme, bleibe ruhig. Ich gehe hinunter, während ich mir noch eine Zigarette anzünde. Diese geht auf dich.

III.

Die Welt hat ihre Farbe verloren. Meine glühenden Augen sichten den Baum, der schwärzer als die Tiefen des Ozeans ist, die Rinde kaum erkennbar. Seine Form zeigt keinen Baum mehr. Der zuvor strahlend grüne Rasen, dessen Duft ich einstmals liebte, ist kein Rasen sondern ein Rest der zurückgebliebenen Erinnerungen in Asche und Schutt.

Ich habe mal Farbe gesehen, doch nun scheint mir alles so düster, dass ich mich fürchte. Ich fürchte mich schon lange, seitdem du weg bist, obwohl du täglich meine Nähe spürst.

Ich frage mich, ob du meine Anwesenheit schätzt, denn mein Gefühl sagt mir, dass du es nicht tust.

Ich sollte aufhören auf meine Gefühle zu hören und meinen Verstand benutzen, denn die Gefühle nehmen meine wahre Gestalt ein. Ich bin mir meiner Existenz nicht bewusst, denn du machst es mir schwer. Meine Gedanken gleichen dem Sturm, der vor ein paar Wochen unseren Garten verunstaltete, woraufhin wir die alten Möbel deiner Mutter erneut aufstellen mussten. Das mussten wir schon einmal, als du deine liebenswerte Persönlichkeit verloren hattest.

Ein weiser Mann sagte mir mal, dass Menschen mehr Wissen über unseren Mond haben als von unseren Ozeanen, obwohl die Ozeane der größte Bestandteil der Erde sind, und ich frage mich, ob es dann Sinn ergibt, dass du nichts über mich weißt, obwohl meine Person ständig von deiner umgeben ist.

IV.

Ich starre auf die alten, verwelkten Rosen, deren Blüten auf deinem neuen Zuhause vom Winde verweht wurden.

Ich mochte das Haus lieber, obwohl es voll Trümmer und bösartiger Gefühle gestellt war, durch die kein Platz zum Laufen war.

Meine rechte Hand nähert sich den Rosen, um sie zu entsorgen. Während ich mich bücke, steigt mir der Duft einer Kombination aus Erde und Trauer in die Nase, die durch meinen Körper strömt.

Du warst nie gut darin, gut zu sein. Deine Aufmerksamkeit widmete sich nur dem Bösen. In meinen Träumen warst du immer dort. Ich wachte auf, du warst nie hier. Ich spreche zu dir, ich hoffe, du hörst mich.

Die vertrockneten Rosen entsorge ich in dem vorgesehenen Eimer, dessen Lackierung absplittert.

Er ist wahrscheinlich älter, als du wurdest.

Du warst nie gut darin, gut zu sein. Deine Mühe mir gegenüber ist begrenzt gewesen.

Der grüne, verschmutzte Eimer weggetragen, die neuen frisch gekauften Rosen nehmen den Platz der anderen ein.

Alles ist ersetzbar, die unzähligen Rosen deines neuen Heims.

Ich kann nichts ersetzen, was nicht da war, doch dich auch nicht. Letzte Worte, die Bedenken unserer kurzen Zeit.

Ich habe auf dich gewartet, doch als du endlich kamst, warst du mir fremd.

Du bist nun ein fremder Mann, der seinen Platz schon lang nicht mehr mit meinem teilt.

V.

Ungerechtigkeit ist eine Gewöhnung für die Gesellschaft geworden. Täglich wird jährlich, jährlich wird Jahrzehnt und Jahrzehnt wird Tod.

Ein paar Mal im Urlaub, dann Alltag. Mehr Alltag als Urlaub.

Unser Konsum ein Verbrauch, der kein Ende nimmt. Menschen konsumieren mehr als sie produzieren. Produzieren mehr als sie konsumieren können.

Die Erde der Abfalleimer, ein paar schöne Orte, doch subjektiv so schrecklich wie die Gesellschaft.

Objektiv gut, subjektiv nicht.

Jeder ein winziger Partikel in einem großen Gemälde, doch aus den Partikeln erwächst das Gemälde und niemand sieht hin.

VI.

Auf das Glück kannst du nicht warten. In den Ebenen der Wirklichkeit kann das Glück nicht bestimmt werden. Halt dich nicht daran fest, auch wenn du es nimmer missen willst.

Ein Freigeist trägt weniger Verantwortung als der Geist, der allen dämonischen Körpern das Leben schaffte.

Der Mond grell, der natürliche Duft der Freiheit steigt in die Nase.

Der Gedanke, grundlos am Leben zu sein, ist mehr Glück als ein Nachdenken über unsere Existenz, denn in der Existenz der Menschheit nach Sinn zu suchen, erfüllt kein Leben mit Freude.

Der Gedanke zu leben. Der Sinn des Lebens ist leben.

Lukas Madsen

Rödelheim Rising

Herbert Rödelheim ist ein sechsunddreißig Jahre alter Mann, den man im Volksmund als einen Spießer bezeichnen würde und das auch nicht ohne Grund. Denn er ist nun mal einer und besitzt auch alle Merkmale, vom Eigenheim mit Zwergen im Vorgarten bis hin zu seinem komplett geregelten Tagesablauf. Er hat noch nie etwas besonders Aufregendes gemacht, ja er hat noch nicht einmal darüber nachgedacht, etwas in diese Richtung zu unternehmen. Er war nun mal schon immer etwas zurückhaltend, hat eher eingesteckt als ausgeteilt und nie etwas infrage gestellt.

Als Herbert also so wie jeden Montagmorgen seiner Frau einen Abschiedskuss gab und sich mit seinem Opel Corsa auf den Weg zur Bank, seinem Arbeitsplatz, machte, hatte er bereits ein merkwürdiges Gefühl in der Magengegend. Das wurde umso stärker, je näher er der Bank durch das Gewühl aus Autos im Straßenverkehr kam. Obwohl gar nichts Erwähnenswertes passierte, blieb er den ganzen Tag über etwas angespannt.

Doch dann, kurz vor Schluss, kam ein breit gebauter Mann mit tief ins Gesicht gezogener Kapuze und einer Maskierung in die Bank gestürmt. Noch bevor sich jemand über ihn wundern konnte feuerte er bereits drei kurz aufeinander folgende Schüsse in die Luft. Mit vorgehaltener Waffe zwang der Maskierte Herbert das Geld aus der Kasse zu räumen. Während er die Bündel mit zitternden Händen in den Beutel schmiss, war er völlig abwesend, denn vor seinem inneren Auge spielte sich, fast wie in Filmen oder Büchern beschrieben, sein ganzes Leben ab. Nur dass er statt den schönsten Momenten seines Lebens die größten verpassten Gelegenheiten sah. All die Momente, in denen er sich nicht zur Wehr gesetzt hatte, in denen er einfach alles akzeptiert hatte, anstatt sich mal gegen den Strom zu stellen, und all die Momente, die ihn glauben lassen hatten, dass sein Leben ihm so reichte.

Hätte man seine Bekannten, Freunde und Kollegen gefragt, hätten sie das, was er jetzt tun würde, nicht für möglich gehalten. Manch einer hätte es sogar für vollkommen ausgeschlossen gehalten. Denn noch bevor er selbst begriff was er da tat, griff er nach der Waffe und zerrte mit all seiner Kraft daran. Genauso überrascht wie Herbert Rödelheim selbst ließ der Maskierte die Waffe los. Sie flog in hohem Bogen durch die Bank. Wie in Zeitlupe verfolgten alle Anwesenden ihre Flugbahn, bis sie schließlich durch ein Fenster brach und auf dem Asphalt vor der Bank landete. Im Gegensatz zu Herbert, der über das Gelingen seiner Tat immer noch etwas verwundert war, hatte sich der Maskierte schnell wieder gefasst und nur Sekundenbruchteile später donnerte bereits seine Faust in Herberts Gesicht. Das Geräusch seiner brechenden Nase schallte durch die ganze Bank. Dies brachte dann auch endlich den einzigen Wachmann der Bank aus seiner Starre. Wenige Minuten später lag der Maskierte bereits schön verschnürt für die Polizei auf dem Boden. Obwohl am nächsten Tag in der Lokalzeitung nur spärlich über Herberts Heldentat berichtet wurde und stattdessen der Wachmann im Mittelpunkt stand, war Herbert nicht sauer oder gar enttäuscht. Nein, er war stattdessen glücklich, denn er hatte es geschafft aus seinem Alltag und seinen Selbsteinschränkungen auszubrechen und etwas zu tun, was eigentlich völlig ausgeschlossen für ihn war.

Caroline Schäfer

Leben oder Tod

Nach einiger Zeit gab es nichts mehr, was für ihn oder sie wichtig gewesen wäre. Nach einiger Zeit gab es nichts, was überhaupt wichtig gewesen wäre. Es gab nur die beiden und die Zeit. Sie wechselten Blicke und überlegten, was als nächstes passieren würde. Wenn nichts passierte, dachten sie einfach nur weiter nach. Über ihr bisheriges Leben. Über das, was sie durchgemacht hatten, oder über das Warum. Das Warum beschäftigte sie immer wieder. Warum sie? Und was wäre, wenn? Was wäre, wenn sie an jenem Tag nicht ins Einkaufszentrum gegangen wäre und man nicht auf sie geschossen hätte. Was wäre, wenn er nicht am selben Tag um dieselbe Uhrzeit in haargenau diesem Einkaufszentrum mit seiner Freundin Schluss gemacht hätte. Seine Freundin war durchgedreht und hatte wild um sich geschossen, als er die Beziehung beendete. Seit diesem Tag vor exakt fünfhundertdreiundsechzig Tagen, lagen die beiden im Koma. Jedenfalls ihre Körper. Ihr Geist waren in einer Art Zwischenwelt gefangen. Niemand konnte sie sehen. Sie erlebten Geister, deren zugehörige Körper aus ihrem Koma erwacht waren, und die sich nicht an die Zeit in der Zwischenwelt erinnerten. Und dann erlebten sie Geister, die nach und nach die Grenze zum Tod überschritten hatten.

Er hoffte so sehr, dass etwas passierte. Ob er nun starb oder nicht. Alles war besser als das hier. Seine Familie kam jede Woche vorbei und brachte ihm frische Blumen und er konnte nicht mehr in ihre Gesichter sehen. In ihre Augen, die nur durch ihn hindurch blickten, als existierte er nicht mehr. Er konnte nicht mehr mit ansehen, wie seine Verwandten Tag für Tag weniger Hoffnung hatten und nach jeder Stunde die er nicht erwachte, nur noch mehr zu zerbrechen schienen. Wenn er starb konnten sie wenigstens endlich abschließen, dachte er sich.

Sie hingegen wollte nicht aufwachen und zu ihrem gewalttätigen Ehemann zurück, den sie viel zu schnell geheiratet hatte. Damals war sie siebzehn gewesen und wahnsinnig verliebt. Dachte sie zumindest. Aber das Eheleben wurde so schnell so schwer. Er wurde schon nach einem Jahr zum Säufer ohne Geduld und ohne Job. Regelmäßig schlug er sie zusammen und sie konnte nicht mal etwas dagegen tun. Sie glaubte ihn zu lieben, aber erst jetzt, hier, wurde ihr klar, dass sie ihn schon lange nicht mehr geliebt hatte. Wenn überhaupt jemals. An jenem Tag im Einkaufszentrum hatte sie endlich den Mut gefasst, ihren Ehemann zu verlassen und nun hatte sie das Gefühl, das Schicksal bestrafe sie ganz genau dafür.

Gerade saßen sie beide in dem Garten hinter dem Krankenhaus auf einer Bank. Die Bank war hässlich. Jugendliche hatten mit Messern irgendetwas in das Holz geritzt, was kein Mensch lesen konnte. Das Holz selber blätterte an einigen Stellen ab und weißer Taubendreck zierte einzelne Stellen. Vielleicht war der Garten um sie herum sogar schön, aber der Wind war kalt und der Himmel grau, als wüsste er, dass an diesem Ort tagtäglich Menschen starben. Sie wollte sich aber nicht auf diesen Garten konzentrieren. Sie wollte nur ihn sehen. Sie wollte nicht zurück in ihren Körper. Auch wenn sie nie wieder jemand sehen konnte außer ihm, dann wollte sie den Preis dafür zahlen. Als sie ihn das erste Mal auf dieser Seite gesehen hatte, gab es nichts mehr außer ihn. Seine leuchtend grünen Augen, die selbst in der Zwischenwelt noch aussahen wie die wertvollsten Smaragde, die sie sich vorstellen konnte. Sollte sie aufwachen, würde sie sich nicht an ihn erinnern und das wollte sie nicht zulassen. Sie hatte es ihm nie gesagt, aber es gab Momente in denen sie hätte aufwachen können. Sie fühlte, dass sie lediglich die Augen schließen musste, um in ihren Körper zurückzufinden.

Sie hatte ein schlechtes Gewissen deswegen, weil sie genau wusste, wie sehr er wieder in sein altes Leben zurückwollte.

Sie stand auf und nahm seine Hand. Er folgte ihr über einen Gehweg. Neben ihnen das grüne Gras, das vom Morgentau noch feucht war. Gemeinsam gingen sie auf die Tür zu, hinter der normalerweise die Krankenhauslobby gewesen wäre. Stattdessen landeten sie in einer Art Kapelle. Die Bank in der letzten Reihe war nie besetzt und gemeinsam beobachteten sie Tag für Tag die Menschen die hier um ihre verletzten Verwandten trauerten und beteten. Sie malten sich deren Geschichten aus, um von ihrem eigenen, ihrem früheren Leben abzulenken.

Ein Mann in einem Anzug saß in der ersten Reihe, schien aber irgendwo ganz anders zu sein. Sein Blick war leer und ausdruckslos. Der Ring an seinem Finger sah dem ihren sogar recht ähnlich. Schlicht und Silbern. »Er ist verheiratet und hat keine Kinder«, stellte er fest.

»Warum keine Kinder?« Sie war in diesem ganzen Lebensgeschichte-Ratespiel schon von Anfang an miserabel gewesen und war noch immer nicht viel besser geworden, obwohl sie seit fast zwei Jahren jeden Tag mehrere Stunden damit verbrachte, andere Leute genau zu betrachten und anhand kleiner Merkmale einzelne Abschnitte des jeweiligen Lebens nachzuerzählen. Er versuchte ihr Tipps zu geben, denn seine Beobachtungsgabe war ausgeprägter. Sie fand es faszinierend, wie seine wundervollen Augen jedes klitzekleine Detail einfingen und er daraus eine ganze Geschichte entwickeln konnte. »Er hat keine Kinder. Oder zumindest keine, von denen er weiß. Kinder bringen deine Augen zum Leuchten. Es wird keine Person geben, die dich mehr lieben und bewundern wird, dein ganzes Leben. Die Art wie er auf den Altar starrt. Hätte er Kinder, läge zumindest noch ein kleiner Schimmer in seinen Augen«, erklärte er.

Sie verstand das alles nicht und ihr Gesichtsausdruck musste sie verraten haben. »Ich weiß, dass du keine Ahnung hast, wovon ich hier spreche, aber vertrau mir. Ich weiß, was ich sehe, und dieser Mann hat keine Kinder«, setzte er erneut an. Sie vertraute ihm und wünschte sich, sie hätten sich unter anderen Umständen kennengelernt.

Irgendwo in einem Paralleluniversum waren sie vielleicht zusammen. Richtig zusammen. Vielleicht hatten sie Kinder und auch in seinen Augen war dieses Leuchten, von dem er sprach. Sie würde dieses Leuchten nur zu gerne sehen, auch wenn sie sich nicht vorstellen konnte, dass das Grün seiner Iris noch heller strahlen konnte.

Sie sah in sein Gesicht, dass nun eher dem des Mannes mit dem Anzug glich. Es war ohne die geringste Regung, was es aber nicht weniger hinreißend machte. Seine dichten langen Wimpern, seine dunklen Haare, die im gedämmten Licht der Kapelle aussahen wie die Blätter im Herbst. Seine vollen Lippen, die sie zu gerne berühren wollte. Mit ihren eigenen Lippen, mit ihren Fingern. Sie wusste genau, was er dachte. Er wollte zurück zu seiner Familie. Und auch wenn es falsch war, fühlte es sich für sie so an, als ob er sie verlassen wollte. Als ob sie ihm nicht genug war. Sie wollte ihn nicht so sehen. So voller Schmerz. Hier gab es schon genug davon. Sie ertrug diese Blicke nicht mehr. Auch nicht die von den Familien, deren Angehörige wieder gesund wurden.

»Ich kann das nicht mehr.« Er sah sie an. »Ich ertrage keinen Tag mehr hier. Ich will endlich, dass es vorbei ist. Ich kann nicht sterben oder leben. Stattdessen sitze ich hier herum und kann nichts tun, um das zu ändern. Meine Familie zerbricht von Sekunde zu Sekunde mehr.« Seine Augen waren nun voller Panik und sie erkannte, dass sie sich an etwas geklammert hatte, das niemals geschehen würde. Sie würden nie zusammen sein können. Sie würden nie glücklich werden. Wenn sie beide hierblieben, würde sie jeden Tag miterleben, wie er ihr entglitt. Genau wie seine Familie.

In diesem Moment erkannte sie, dass er nicht zurückkommen würde und dazu verdammt war, auf ewig oder zumindest für eine sehr lange Zeit hier zu bleiben. Sie würde das nicht stören. Von ihr aus konnten sie hierbleiben, bis ihre Körper immer weiter alterten und sie irgendwann von selbst nachgaben. Aber er würde damit nicht kommen. Er würde zerbrechen, bis auch der letzte Schimmer seine smaragdenen Augen verließe. Sie fühlte sich in den Tag zurückversetzt, als sie im Einkaufszentrum auf ihren Mann gewartet hatte. Um ihn hinter sich zu lassen für immer. Und dasselbe musste sie jetzt auch tun, mit dem Unterschied, dass sie ihn wirklich und aus vollem Herzen liebte. Sie strich ein letztes Mal über seine blasse Haut und prägte sich jedes Merkmal seines Gesichts noch ein letztes Mal ein. Dann beugte sie sich vor, schloss die Augen, küsste ihn und ihr Geist fand nach so langer Zeit den Weg zurück in ihren Körper. Sie hatte das Einzige verlassen, was sie je mehr geliebt hatte als sich selbst. Sie hatte die Grenze überschritten und wusste nun nicht mal, dass es je eine gegeben hatte. Sie hatte ihn vergessen...

Jakob Thomsen

Traum Europa

Die frische Seeluft wehte meine langen, kastanienbraunen Haare nach hinten, als ich mich über das Geländer lehnte. Ich atmete tief ein und schloss meine Augen. Meine Gedanken schwirrten zurück an mein Zuhause, ein Dorf nahe Kairo. Zu dieser Jahreszeit würde ich mit Freunden schwimmen gehen oder mich einfach in den Garten legen, mit meiner besten Freundin Kira über Jungs aus unserer Schulklasse reden und Haare flechten. »Imara! Lehn dich nicht so weit nach vorne!«

Ich schreckte auf, drehte mich um und sah Ma auf mich zukommen. Wir setzten uns hin und Ma holte einen Zwieback aus ihrer Hosentasche. Sofort kam das mulmige Gefühl von Hunger in mir auf und Ma reichte mir den Zwieback. Ma selbst hatte sich auf den letzten drei Tagen unserer Reise geweigert zu essen und bestand darauf, die kläglichen Zwieback-Rationen an mich weiterzugeben. Ich vermisste Mas Gemüse-Couscous, den sie uns zuhause immer zum Mittagessen zubereitet hatte. Pa hatte er noch mehr geschmeckt, vor allem wenn er einen anstrengenden Arbeitstag hinter sich hatte. Doch was ich noch mehr als Mas Couscous vermisste, war ihr Lachen. Pa arbeitete in Kairo, doch wurde er vor ein paar Tagen von einer Gruppe Polizisten verhaftet und weggebracht. Ma hatte seit diesem Tag nicht mehr gelacht und redete nur wenig über das Thema. Noch am Abend von Pas Festnahme packten Ma und ich unsere Rucksäcke und verließen das Dorf. Ma hatte mir später erzählt, dass Pa auf diesen Tag vorbereitet gewesen wäre und dass es sein Wunsch sei, dass wir zwei Ägypten so schnell es ging verließen. Das hatten wir gemacht und Ma hatte viel Geld dafür bezahlt, um auf einem Fischerboot mit fünfzehn anderen Passagieren mitfahren zu dürfen. Das nicht registrierte Boot sollte uns über das Mittelmeer nach Europa bringen. Für mich war der Name magisch. Seit Beginn der Reise hatte Ma mir immer wieder von Europa und dem europäischem Traum erzählt. Dort könne sie eine neue Arbeit finden und es wäre möglich, Pa zu retten und zu uns zu bringen. Doch Ma war trotzdem nicht glücklich. Schon deit einiger Zeit betete Ma wieder häufiger, denn sie glaubte an Hoffnung. Sie hatte mich deswegen auch Imara genannt: starker Wille.

In der Ferne ertönte ein durchdringendes und lang anklingendes Horn. Sofort drehten wir uns um. Viele der Passagiere begannen, aufzustehen, und suchten nach dem Ursprung des Schiffshorns. Ich hörte Leute aufschreien, sah sie vor mir hochspringen und drängelte mich durch die Passagiere zur Reling durch. Ich lehnte mich über die Reling und schirmte mit einer Hand meine Augen vor der stark scheinenden Sonne ab. Am Horizont türmte sich ein riesiges Schiff auf. Noch nie in meinem Leben hatte ich so ein großes Schiff gesehen. Sofort rief ich nach Ma und drehte mich zu ihr um. Als Ma aufstand und das Schiff sah, erschlafften ihre Gesichtszüge. Ma konnte es nicht glauben. Vor ihr stand ein europäischer Frachter, bereit, sie und alle anderen Flüchtlinge des Fischerbootes nach Europa zu bringen.

Die »Pina« schickte schon bald ein kleines Motorboot los und brachte uns an Bord des Schiffes. Ma drückte fest meine Hand und unter neugierigen Blicken betraten wir das Boot. Männer mit dunklen Bärten und einer roten Weste gingen auf uns zu und sprachen Ma an. Sie gaben ihr zwei Wasserflaschen und wollten sich den anderen neuen Passagieren zuwenden, als Ma einen der Männer am Handgelenk ergriff und ihn hektisch etwas fragte. Ich konnte nicht verstehen, worüber sie redeten, aber Pa hatte Ma zuhause öfters Sprachunterricht gegeben. Der Mann antwortete ihr nach kurzem Zuhören und ich sah Mas Augen auffunkeln. Ma dankte ihm und wandte sich dann zu mir. Sie erzählte mir, dass der Frachter türkisch sei und bereits morgen die Küste Italiens erreichen würde. Unsere Reise nach Europa und unser europäische Traum waren gesichert.

Der Tag verging und mit dem Abend hatten sich die rund hundert Flüchtlinge auf dem Deck der Pina verteilt. Ma und ich hatten uns mit einer Decke an die Reling gesetzt. Diesen Abend konnte ich nur schlecht einschlafen, denn ich war so aufgeregt wie ein kleines Kind vor seinem Geburtstag.

Das Kreischen der Möwen und die lauten Schiffsschrauben weckten mich am frühen Morgen. Ich rieb mir die Augen und stand auf. Viele der Flüchtlinge waren schon aufgewacht oder die Nacht über aufgeblieben.

Neugierig und entschlossen, das große Schiff zu erkunden, solange Ma noch schlief, lief ich zur Treppe, die zur ersten Etage des Bootes führte. Als ich oben ankam, sah ich die leere Plattform. Der Wind hier oben war viel stärker als unten. Ich schloss meine Augen und streckte meine Arme seitwärts aus. In mir kam das Gefühl von Freiheit auf und ich lehnte mich gegen den Wind. Nach einer Weile öffnete ich wieder meine Augen und sah die Sonne zu meiner Rechten über dem Meer aufsteigen. Ich richtete meinen Blick nach vorne und sah ein kleines Segelboot vor mir. Wir waren vor der Küste Europas. Ich schrie vor Glück und rannte zurück zu Ma. Ich weckte sie durch das Ziehen an ihrem Unterarm und bemerkte, wie dünn und ausgehungert sie von der Reise nach Europa geworden war. Ich erzählte Ma von dem Landstrich, den ich gesehen hatte und wir rannten zusammen hoch auf die Plattform. Als Ma den Landstrich am Horizont sah, fing sie an zu weinen. Dann fing sie an zu lachen. Sie hatte Pas letzten Wunsch erfüllt und uns beide sicher nach Europa gebracht. Eine laute Durchsage erklang auf der Pina und Ma übersetzte mir, was der Kapitän des Frachters berichten wollte. Sie würden schon bald die Einwilligung eines Hafens haben, in Italien anlegen zu können.

Mit der Zeit näherte sich das Schiff der Küste und uns kamen immer mehr kleine Boote entgegen. Die Passagiere hatten sich entlang der Reling aufgestellt, um möglichst viel vom Neuland sehen zu können. Noch nie hatte ich mehr Hoffnung verspürt und noch nie schien der europäische Traum greifbarer für mich. Ich konnte Häuser und Boote entdecken. Das Wasser unter mir war klar und hellblau. Die Sonne brannte auf mich herunter und ich wünschte mir nichts sehnlicher, als ein Bad zu nehmen und danach Eis essen zu gehen. Während der Tag verging und die Pina immer noch auf eine Anlegeerlaubnis wartete, malte ich mir aus, mit Ma und Pa im Meer schwimmen zu gehen und dabei den Sonnenuntergang beobachten zu können.

Ma und ich warteten gespannt auf den Moment des Anlegens, doch von der Küste war kein Signal gekommen und der Frachter bewegte sich kaum voran. So nah der europäische Traum auch schien, war er doch so fern. Der Tag verstrich. Die Männer mit den roten Westen wurden nervös und zeigten keine Emotionen mehr.

Plötzlich erschütterte ein starker Ruck das Schiff. Ruckartig kippte der Boden unter meinen Füßen, ich verlor meine Orientierung und knallte mit meinem Rücken gegen ein Geländer. Ich blickte mich um und sah um mich herum Menschen über die Reling ins Wasser fallen. Geschockt drehte ich mich um zu Ma, die mich am Handgelenk ergriff. Wir rannten zu den Rettungsbooten. Vor mir sah ich panisch Menschen auf dem Deck umherlaufen, die mich anstießen und von Ma trennten. Etwas Hartes traf mich am Kopf und ich fiel auf meine Knie. Ich schrie nach Ma und umklammerte meinen Kopf. Alles drehte sich und ich sah Flüchtlinge ins Meer springen, um ihre Familienmitglieder zu retten. Dann fiel ich rückwärts und spürte kaltes Wasser um mich. Ich versuchte verzweifelt, hochzukommen, und schrie. Meine Lungen füllten sich mit Wasser und ich versuchte hektisch, an die Wasseroberfläche zu gelangen. Über mir klarte sich das Wasser auf und ich durchdrang die Wasseroberfläche. Sofort hustete ich das verschluckte Salzwasser aus und guckte mich um. Vor meine Augen spielte sich ein Albtraum ab. Ich sah um Hilfe schreiende und ertrinkende Menschen und den gekenterten Frachter neben mir. Ich schrie vor Angst und suchte verzweifelt nach Ma, aber ich konnte sie nicht entdecken. Orangene Schlauchboote fuhren auf mich zu. Ein Flüchtling hinter mir ergriff mich am Arm und zog mich zu einem der Boote. Er half mir, in das Rettungsboot zu kommen. Vor meinen Augen verschwamm alles durch die Tränen und das Salzwasser. Ich übergab mich und hustete Essensreste und verschlucktes Salzwasser aus. Die wenigen Rettungsboote änderten ihren Kurs und brachten uns zurück an die Küste. Ich schrie nach Ma und Pa, doch niemand hörte mich, niemand antwortete mir und niemand reagierte. Der Traum Europa war längst vergangen.

U14

(Jahrgänge 2003 und jünger)

1. Platz in der Altersklasse U14

Eric Huland

Odyssee an einem Nachmittag

Eigentlich war die Sache ganz einfach und eher unspektakulär – ich wollte einen ganzen Nachmittag in meinem Zimmer verbringen und fünf Stunden wirklich gar nichts machen. Ich wusste, dass ich damit meinen Dämon »Langeweile« aufs Schärfste reizen würde, aber ich wollte mich ihm voll und ganz stellen.

Würde ich damit eine Grenze überschreiten? Sicherlich, denn bislang konnte ich so eine lange Zeit – außerhalb meines Schlafes – nicht aushalten, ohne etwas zu machen, zu tun, beschäftigt zu sein. Immer musste ich – aus Furcht vor meinem Dämon »Langeweile« – meine Pausen füllen, etwas lesen, am Handy spielen oder zumindest Musik hören. Fünf volle Stunden die Heimsuchung des Dämons auszuhalten, was sollte das für mich bedeuten? Welche Gefühlstaumel, welche finsteren Qualen sollte ich durchstehen? Welche Grenzen würde ich überschreiten?

Zunächst packte ich alle Dinge, die mich ablenken könnten, zur Seite – meinen Laptop, mein Handy und meine CDs. Es konnte also losgehen. Vielleicht sollte ich noch eben meinen Schreibtisch aufräumen? Gute Idee! Schon waren die ersten zehn Minuten geschafft. Aber eigentlich war dies ja geschummelt, so würde ich meinem Dämon bestimmt nicht begegnen.

Also legte ich mich auf das Bett und blickte starr zur Zimmerdecke. Eigentlich war mir die Farbe der Zimmerdecke noch nie so richtig bewusst geworden, ich suchte im Weiß der Zimmerdecke nach Pinselstrichen, aber die Farbe war zu gleichmäßig, zu eben, zu langweilig.

Ich fing an, meinen Körper zu spüren, zunächst meinen Rücken, dann meine Beine und meine Arme. Langsam fingen meine Finger an zu kribbeln. Vielleicht sollte ich mich anders hinlegen? Ich schaute zu meinem Wecker, es waren wieder nur fünf Minuten vergangen. Na, das konnte ja ein langer Nachmittag werden. Ich war mir nicht mehr so sicher, ob ich die fünf Stunden aushalten würde. Vielleicht sollte ich das Experiment eher verkürzen? Nein, ich wollte mich dem Dämon stellen und die Langeweile aushalten. Mit einer raschen Handbewegung kippte ich den Wecker um, jetzt war ich allein, ohne meinen Taktgeber.

Ich schaute wieder auf die Zimmerdecke und betrachtete das eintönige Weiß, das sich langsam in meinem Kopf ausbreitete und dort immer mehr Raum einnahm, Stück für Stück, und ich war mir sicher, dass dies die Vorhut meines hinterlistigen Dämons war. Ich spürte die altbekannte Unruhe in mir aufsteigen, die mich ansonsten zum Handy, Computer oder Buch greifen ließ, aber heute war ich vorbereitet und hielt dem Verlangen nach Ablenkung stand.

Die Eintönigkeit der weißen Zimmerdecke umschloss meine Wahrnehmung nun vollständig, was für mich aber vollkommen okay war. Ich war geradezu neugierig, was mein Dämon als nächstes plante. Ich sah nur noch weiß, ich spürte nur noch weiß und mittlerweile hörte ich schon weiß.

Das Merkwürdige war jedoch, dass das Weiß der Zimmerdecke nicht mehr so gleichmäßig wie vorhin war. Ich konnte kleine Gräben und Vertiefungen, aber auch kleine Hügel und Erhebungen erblicken. Je genauer ich hinschaute, umso mehr konnte ich entdecken. Die Zimmerdecke verwandelte sich immer mehr zu einer eisigen Schneelandschaft. Es wirkte nun so, als ob ein Schneesturm die feinen Eiskristalle herumwirbelte. Und auch in meinem Kopf fing es an zu wirbeln. Ich spürte eine Kälte über meine Arme streichen, obwohl ich das Zimmerfenster geschlossen hatte. Der

Schneesturm wurde immer dichter, ich konnte mittlerweile meine Hand nicht mehr vor Augen sehen.

Plötzlich tauchte aus dem Schneegestöber ein riesiger Eisbär auf. Ich wollte schreien, brachte jedoch keinen Ton über meine Lippen. Panisch rannte ich los, ziellos durch das dichte Schneetreiben. Der grässliche, böse Eisbär folgte wenige Meter hinter mir mit großen Sprüngen, mir war, als könnte ich seinen feuchten Atem schon in meinem Nacken spüren. Zu spät merkte ich in diesem dichten Schneegestöber, dass ich den Rand der Eisfelsens erreicht hatte, und fiel die Klippen hinunter.

Ich fiel und fiel und wurde eins mit dem eiskalten Wind. Aber langsam fühlte sich der Wind gar nicht mehr so eisig an, eher leicht und sanft, und auch ich spürte eine Leichtigkeit in meinem Kopf. Fast behutsam hob der Wind mich nun in die Lüfte. Unter mir erblickte ich zunächst unser Haus, dann unsere Straße und schließlich unsere Stadt. Wie winzig doch alles war, und je kleiner und unscheinbarer die Landschaft wurde, desto idyllischer wirkte sie, je luftiger ich sie wahrnahm, desto geborgener und behüteter kam sie mir vor. Von dieser beschaulichen Landschaft ging keine Gefahr aus, höher und höher stieg ich, und die Welt wurde immer kleiner und friedlicher. Ikarusgleich schwebte ich der Sonne entgegen.

Leicht und schwerelos flog ich in das Weltall hinaus. Erst jetzt bemerkte ich den schützenden Raumanzug, der mich umgab. Wo ich diesen wohl herhatte? Wahrscheinlich von dem Raumschiff, das sich geräuschlos von mir entfernte und mich alleine im unendlichen Weltraum zurückließ. Das einzige Geräusch war nun das Pochen in meinem Kopf, und ich sah, dass ich nur noch für fünf Stunden Sauerstoff hatte. Nur noch fünf Stunden! Und schon jetzt merkte ich, wie die fehlende Luft meinen Verstand verwirrte.

Schwerelos flog ich den Galaxien entgegen, die Sterne und die galaktischen Nebel wurden immer schneller und schneller und kamen jetzt auf mich zugeschossen, und ich sah das Weltall nun in all seinen Farben, grell und bunt, gleißend und funkelnd. Immer schneller drehte sich dieses Meer aus Farben um mich, und ich tauchte in den Strudel der Farben hinab, tiefer und tiefer, und zum Schluss umgab mich nur noch eine schwarze Leere. War dies mein wahres Selbst?

Jetzt war es das Schwarz, dass die Eintönigkeit ausmachte. Aber anders als das Weiß ging vom Schwarz etwas Bedrückendes, Beklemmendes, Bedrohliches aus. Ich konnte im Schwarz keinen Unterschied mehr wahrnehmen, weder durchs Sehen, Hören noch durchs Fühlen. Alles war gleich – einfach nur schwarz. Das war das Schrecklichste, was ich in meinem ganzen Leben erlebt hatte. Hatte mich der endlose, dunkle Tod erreicht?

Erleichtert spürte ich nach einer Weile meinen Körper. Meine Wahrnehmung verriet mir allmählich, dass ich auf einem steinharten, kalten Boden lag. Und langsam sah ich Unterschiede in den Schwarz-Tönen. Ich war in einem ungefähr fünf Meter breiten und fünf Meter langen Verlies gefangen. So langsam kamen mir die Sinne zurück, ich roch feuchten Moder und schmeckte den Geschmack der rostigen Eisenketten, die meinen Körper eng und straff am Boden fesselten.

Im selben Moment hörte ich feste, polternde Schritte näherkommen, und mit einem lauten Quietschen öffnete sich die schwere Eisentür zu meinem düsteren Verlies. Im Türrahmen stand ein großer, bedrohlicher Ritter. Seine dunkle Gestalt lag vollends im Schatten der hinter ihm im Gang flackernden Fackeln. Wie in Zeitlupe zog der schwarze Ritter mit einem knirschenden, schleifenden Geräusch sein langes, scharfes Schwert. Ich versuchte von ihm weg zu krabbeln, aber die Ketten hielten mich unerbittlich am Boden. Fest schloss ich meine Augen und hörte nur noch das unmenschliche, grausame, höhnische Lachen des unbarmherzigen Ritters.

Das barbarische Lachen wurde immer lauter und schriller, jetzt standen mehrere Personen um mich. So langsam konnte ich auch Sprachbrocken wahrnehmen, der Anführer der Bande verhöhnte mich: »Und du willst der Sheriff sein? Steh auf und steh deinen Mann!« Langsam erhob ich mich aus dem Staub der dreckigen Hauptstraße, wir befanden uns direkt vor dem Saloon. Mit einer raschen Bewegung zog ich meinen Colt, aber offenbar doch zu langsam, denn es knallte schon der erste Schuss. Wie in Zeitlupe sah ich die Kugel aus der qualmenden Mündung des Colts des Anführers auf mich zukommen, gleichzeitig erblickte ich durch einen blutroten Schleier das höhnische Grinsen in seiner Grimasse.

Die rote Grimasse verformte sich immer mehr, wurde viel weniger schemenhaft und verwandelte sich schließlich in das freundliche und ulkige Gesicht eines Clowns. Richtig lustig sahen nun die rote Nase und der rote Mund in dem weißen Gesicht aus. Mit einem breiten Lachen warf der Clown jonglierend Bälle hoch in die Luft der bunten Manage, erst drei, dann vier, dann fünf. Aber dann stolperte er über seine viel zu großen Schuhe. Als der Clown versuchte aufzustehen, wurde er von einer kleinen Ziege mit einem ausgedehnten »Mäh« wieder umgestoßen. Die Menge um mich herum grölte vor Begeisterung, doch am lautesten war mein befreiendes Lachen in der Manege zu hören, mir standen schon die Tränen vor lauter Ausgelassenheit in den Augen.

Ich johlte und jauchzte, mir schoss das Wasser förmlich aus den Augen. Nun war das salzige Wasser schon überall und mein Lachen war eher ein Glucksen. Ich schaute mich um und befand mich in einem prächtigen Unterwassergarten. Das Sonnenlicht brach sich ungefähr fünf Meter über mir und erzeugte brillante Farbeffekte auf den Korallen des Gartens. Große und kleine Fische in allen

Regenbogenfarben huschten und tanzten durch den Unterwasserpark, Seepferdchen und Quallen ließen sich ziellos umher treiben.

Ich stieß mich ab und glitt leicht und beschwingt durch die blaugrüne Anlage, neben mir waren die buntesten Fische zum Greifen nahe. Doch ich wollte sie nicht fassen oder festhalten, ich wollte lieber Teil dieser herrlichen, traumhaften Wasserwelt sein.

Und dann war ich endlich eins mit diesem prächtigen Garten, ich *war* dieser wundervolle Garten. In einem langsamen Dreivierteltakt tanzte ich durch das märchenhafte Unterwasserparadies zum traumhaften Gesang der Sirenen, der sich von der nahen Wasseroberfläche zu meinen Ohren entfaltete.

Ich tauchte verzaubert auf und sah tatsächlich fünf wunderschöne Geschöpfe, halb Mensch, halb Fisch, die mich mit ihrem betörenden Gesang augenblicklich in ihren Bann zogen. Voller Verlangen schwamm ich willenlos auf diese feenhaften Wesen zu. Doch da packten mich gegen meinen Willen die starken Arme meines Steuermannes und zogen mich ins Segelboot. Mit letzten Kräften murmelte er: »Oh, Odysseus! Die Sirenen sind unser Verderben, sie lassen uns bis zu unserem Tode nicht mehr los.« Sogleich spürte ich das Tau, das mich an den Mast fesselte, und durch brausende Wellen und tobenden Wind steuerte ich sodann das Boot gen Heimathafen. Ich wusste: »Der längste Umweg ist der kürzeste nach Hause.«

Erschöpft hörte ich meine eigene, brüchige Stimme den Namen meiner Frau wispern: »Penelope, Penelope.« Dann endlich sah ich den rettenden Strand vor mir. Mit letzter Kraft schmiss ich mich rücklings auf den feinen Sand, der angenehm warm meinen Rücken kitzelte. An meinen Füssen spielten sanft die sacht anrollenden Wellen. Ich machte meine Augen auf und neben mir saß mein treuer Freund und Begleiter, den ich an einem Freitag das Leben gerettet hatte und den ich deshalb »Freitag« genannt hatte.

Freitag schien sehr glücklich zu sein, mich wohlauf zu sehen. Gerade wollte ich ihm von den Sirenen erzählen, als ich plötzlich eine aufsteigende Panik in seinem Gesicht sah. Stumm und sprachlos vor Entsetzen hob er seinen Arm und zeigte auf eine Gruppe von Wilden, die schnellen Schrittes drohend auf uns zugerannt kamen und in denen ich die mir bekannte Horde der grässlichen Kannibalen erkannte.

Augenblicklich sprangen Freitag und ich auf, doch wir rutschten im weichen Sand weg. So sehr wir uns bemühten, wir kamen nicht von der Stelle. Ich dachte: »Harre nur aus, mein Herz, schon Schlimmeres hast du erduldet!« Aber war es wirklich so – was gab es noch Schlimmeres, als von diesen Menschenfressern getötet, in Einzelteile zerlegt, gefressen und damit für immer und ewig ausgelöscht zu werden?

Wieder und wieder versuchten wir, auf dem rutschenden Sand auch nur ein wenig Halt zu finden, den Wilden und unserem drohenden Ende zu entfliehen, doch der Sand hielt uns in unserem unausweichlichen Schicksal fest.

Immer näher und näher kamen die blutrünstigen Kannibalen, flehend blickte ich in ihre dämonischen, grimassenhaften Fratzen, in denen ich nichts Menschliches mehr erkennen konnte. Ich wusste, dass dies meine letzten Sekunden sein mussten. Die Dämonen würden mich zerreißen, zerfetzen und in meine Einzelteile zerlegen. Schlimmer noch – nun wurde mir bewusst: »Es gibt keine Vergangenheit, keine Zukunft, alles verläuft in einer ewigen Gegenwart.« Und diese Gegenwart wäre in einem Wimpernschlag für mich beendet, dann gäbe es mich nicht mehr, und mit mir stürbe auch meine Bedeutung.

Und obwohl ich eigentlich aufs Tiefste entsetzt sein müsste, blieb diese Empfindung aus. Wahrscheinlich hatte ich alle meine Gefühlsregungen an diesem Nachmittag schon aufgebraucht.

Ich dachte nur noch, wie schön weiß und gleichmäßig der Sand an diesem Strand war, sodass sämtliche Unterschiede verschwammen. Und obwohl meine Augen noch geschlossen waren, wusste ich, dass der Weiß-Ton des Sands haargenau die Farbnuance meiner Zimmerdecke war.

Langsam und vorsichtig öffnete ich meine Augen und stellte den umgeschmissenen Wecker wieder auf, der zwischen meinem aufgeschlagenen Robinson-Crusoe-Buch und dem Wälzer von James Joyce lag. Genau fünf Stunden waren vergangen. Mein Blick wanderte weiter zu meinem Abreißkalender, dessen heutiger Spruch lautete: »Langeweile beflügelt die Fantasie.«

2. Platz in der Altersklasse U14

Blanca Vespermann

Grenzen gesetzt

Herr Meier, unser steinalter Klassenlehrer, den wir übrigens *Milchauge* nennen, da sein eines Auge immer milchig und starr ins Nichts starrt, schreit mich wieder einmal an:

»Nur weil jeder weiß, dass du dieses Jahr die Versetzung nicht schaffst, hast du noch lange nicht das Recht, die Hausaufgaben zu ignorieren. Manchmal zweifle ich ernsthaft an deinem Verstand. Noch nie hatte ich eine schlechtere Schülerin…!«

In dem Moment platzt mir der Kragen. Was bildet sich dieser Kerl eigentlich ein, mich so zu blamieren?!

»Könnten wir das bitte unter *drei* Augen besprechen?«, unterbreche ich ihn und springe auf.

»Wie kannst du es wagen?«, zischt Herr Meier. »Damit hast du deine Grenze überschritten! Das zieht ein Gespräch mit dem Schulleiter und deinen Eltern nach sich, und die können dann auch gleich deinen Aufsatz über das Thema ›Grenzen‹ mitbringen, den du mir bis dahin schreiben wirst. Außerdem werde ich einen Schulverweis beantragen und jetzt verlasse sofort meinen Unterricht, du gehst auf der Stelle nach Hause!«

Völlig perplex starre ich ihn an. Das gibt es doch nicht! Der Kerl will einen Schulverweis beantragen, und das nur wegen dieses einen Spruchs. Dabei hatte er angefangen! Und dann auch noch dieser Aufsatz! Meine Eltern machen ausgerechnet diese Woche bei der Aktion »Kein W-Lan« mit und da bleibt mir nur das kleine Stadt-Archiv, um etwas zum Thema »Grenzen« herauszufinden.

Stinksauer packe ich meinen Schulranzen am Riemen und knalle die Klassenzimmertür hinter mir zu. Draußen lehne ich mich gegen die Backsteinmauer der Schule und denke nach. Wohin jetzt? Paps kommt erst um vier nach Hause, da hätte ich eigentlich Schulschluss, aber jetzt ist es zehn Uhr und ich muss noch sechs Stunden totschlagen.

Vielleicht sollte ich gleich mit dem Aufsatz anfangen, wer weiß, wann das *Milchauge* meine Eltern in die Schule bestellt. Also schwinge ich mich auf mein Fahrrad und mache mich auf den Weg.

Im Archiv ist es verdammt stickig. Obwohl es unter der Erde liegt, herrschen hier fast immer Temperaturen über 25°C. Kein Wunder, denn die Heizungen sind voll aufgedreht und die meisten Luftschächte kaputt. Nur ein paar alte Lampen mit flackernden Glühbirnen durchbrechen die Dunkelheit. Alte und neue Bücher, Briefe und Magazine stapeln sich auf morschen Holzregalen bis zur Decke. Ein beißender Gestank nach Moder, Mottenkugeln und Schimmel wabert wie schwerer Nebel durch den Raum.

In der abgestandenen Luft tanzt der Staub, gut sichtbar im stetigen Wechsel zwischen Schatten und Licht, den die flackernden Lampen auf Boden, Wände und Decke werfen.

Hinter mir raschelt etwas und ich fahre gerade noch rechtzeitig herum, um eine fette, schwarze Ratte in die nächste Regalreihe huschen zu sehen. Erschrocken schreie ich auf.

Rechts und links den Gang entlang sind kleine, dreckige Metallplaketten an den groben Brettern der Regale angebracht.

Ich ziehe mein Handy aus dem Ranzen und schalte auf Taschenlampe. Der schmale Lichtschein fällt auf eine Plakette weiter vorne im Gang. Unter einer schmierigen Ölschicht ist darauf gerade noch ein »E« zu erkennen. Langsam lasse ich den Lichtkegel weiter wandern. Da! Fast am Ende des Ganges ist ein großes »G« in das Holz des Regales geschnitzt. Die Plakette fehlt.

Ich trete näher heran. Die Regalreihe »G« ist nur spärlich be-stückt. Nur etwa ein Dutzend Begriffe sind hier aufgelistet, jeder Begriff mit einem flachen Stapel Briefen und Magazinen darunter. Bücher sind gar keine da. Langsam gehe ich die Reihe entlang, den Blick fest auf die Begriffe geheftet.

Da! »Grenze« ist der letzte Begriff in der Reihe. Erleichtert atme ich auf. Einen Moment hatte ich befürchtet, nichts zu finden. Ich greife in das Fach darunter. Nichts. Mir gefriert das Blut in den Adern. Das darf doch nicht wahr sein! So viel Pech kann ein einziger Mensch doch nicht einem einzigen Tag haben. Doch in diesem Moment streifen meine Finger Papier. Ein Brief! Aufgeregt ziehe ich ihn aus dem Fach. Das Papier des Umschlages ist alt und brüchig, die Buchstaben kaum noch lesbar. Mit leicht zitternden Händen öffne ich den Umschlag und hole den Bogen Papier daraus hervor. Die Schrift ist sehr ordentlich und der Brief gut erhalten. Erleichtert beginne ich zu lesen:

> Liebe Susanne,
> Ich bin so froh , auf der richtigen Seite zu sein.
> Es war eine gute Entscheidung, zu fliehen. Wir können so unendlich dankbar sein, dass sie Grenze da ist.
> Hier können sie uns nicht finden.
> Wir sind frei, Susanne!
> Die Grenze beschützt uns.
> Wann kommst du zurück aus Paris?
> Ich erwarte dich hier,
> Paul

Wie kleine Puzzlestückchen, die einfach nicht zusammenpassen wollen, schwirren Bruchstücke des Briefes durch meinen Kopf:

> so froh, auf der richtigen Seite zu sein
> unendlich dankbar, dass die Grenze da ist

die Grenze beschützt uns

Zwischen diesen Bruchstücken immer wieder die gleichen Fragen:

Wer sind Paul und Susanne?

Wie kann man *so* über Grenzen denken?

Ich hatte mir bereits einen Stichwortzettel zum Thema *Grenzen* gemacht, den ich jetzt schnell aus meinem Rucksack krame. Auf dem Zettel stehen folgende sieben Wörter:

beängstigend

einschränkend

dunkel

bedrohlich

trennend

gefährlich

traurig

Nirgends unter meinen Notizen finde ich Wörter wie »sicher« oder »beschützend«, mit denen Paul die Grenze beschrieb.

In dem Moment fällt mir die Situation von heute Morgen wieder ein. Hatte das *Milchauge* nicht auch etwas von »Grenzen überschreiten« gesagt? Paps regt sich andauernd darüber auf, dass sein Chef ihm zu viele Grenzen setzen würde. Und Grandma, die im Altersheim immer noch die Geschichte mit der Grenze durch Berlin breittritt.

Andererseits sind zum Beispiel Gesetze auch Grenzen und die sind normalerweise gut, also können Grenzen auch nicht grundsätzlich falsch sein.

Ich ziehe mein Notizheft und einen Stift aus der Tasche und beginne mein Gedankenchaos in einer Mindmap zu ordnen. Das kann lange dauern…

Támi und Moa Forgo

Der Traum

Der Traum, die Liebe, die Hoffnung geweckt:
Der Richtige, das Bett mit Rosen bedeckt.
Das Haus, die Klingel, der Richtige,
Ich und Er, der Wichtige.

Die Treppe, die Tür, der Raum.
Plötzlich: der Wecker, aus der Traum.
Der Morgen, mein Zimmer, der Raum.
Der Richtige war nur ein Traum.

Der Schulweg, die Klasse, mein Sitzplatz.
Drüben der Richtige, der Mats.
Die Sehnsucht, der Traum, das Verlangen.
Der Lehrer, Stundenanfang, rote Wangen.

Stundenende, Mats bei Gertrud,
deren Kuss, meine Eifersucht, die Wut.
Mein Entsetzen, mein Traum geplatzt,
nun hab ich's mir mit Mats verpatzt.

4. Platz in der Altersklasse U14

Zahraa Rezk

Grenzvariationen

Grenzen.

Es gibt sie in allen möglichen Variationen. Es gibt körperliche Grenzen, geistige Grenzen, es gibt Landesgrenzen oder einfach nur Tischgrenzen.

Wobei ich das letzte wohl erklären muss.

Hannah ist vierzehn und sitzt neben Benni. Sie beiden sitzen in der zweiten Reihe am dritten Tisch von rechts. Sie beide Teilen sich einen Tisch. Nun ist es aber so, dass ein Drittel des Tisches nicht genutzt wird. Wieso? Zwischen ihnen befindet sich eine unsichtbare Grenze. Keiner von beiden überwindet sie und beide können sich dadurch besser auf den Unterricht konzentrieren. Tischgrenzen gibt es ausnahmslos nur in der Schule und im Büro.

Aber dieses unsichtbare Phänomen ist auch andernorts zu beobachten:

Manfred ist Bauer, Frederik auch. Ihre Felder liegen nebeneinander, und wenn die richtige Jahreszeit gekommen ist, blühen auf dem einen Feld rote Tulpen so schön wie Rubine und auf der anderen Seite blaue Tulpen so schön wie Saphire. Doch immer perfekt getrennt und niemanden stört es. Viel mehr, es bringt Ordnung, diese unsichtbare Grenze bringt Ordnung.

Aber dieses unsichtbare, ordnungsbringende Phänomen ist auch andernorts zu beobachten:

Karla ist heute übertraurig. Heute ist der Todestag ihrer Mutter. Karla trägt schwarz. Alle Leute sehen sie, aber keiner fragt. Sie ist von einer Grenze umgeben. Einer Grenze, die es ihr erleichtert, mit dem Tag umzugehen.

Aber dieses unsichtbare, ordnungsbringende, erleichternde Phänomen ist auch andernorts zu beobachten:

Hans hasst Charles. Charles hasst Hans. Hans kommt aus Dänemark und spricht Dänisch, lebt aber in Deutschland. Charles kommt aus England und spricht Englisch, lebt aber in Deutschland. Die beiden sind Nachbarn. Wenn sich beide treffen, beleidigen sie sich auf Dänisch und Englisch. Keiner versteht was der Andere sagt. Keiner wird verletzt. Zwischen ihnen liegt eine Sprachgrenze, die beide schützt.

Aber dieses unsichtbare, ordnungsbringende, erleichternde, schützende Phänomen ist auch andernorts zu beobachten:

Wir sind in der Zeit vor dem ersten Weltkrieg. 1914. In Sarajewo steht Gavrilo Princip. Er zögert. Er spürt diese moralische Grenze. Soll er den Erzherzog Franz Ferdinand wirklich umbringen? Er tut es, der Erste Weltkrieg bricht aus, der Zweite folgt. Die moralische Grenze wurde einmal überschritten, nun ist sie zerstört. Und dabei hat sie ihn von dem Schrecken getrennt, der ihn danach erwartet hat.

Aber dieses unsichtbare, ordnungsbringende, erleichternde, schützende, trennende Phänomen ist auch andernorts zu beobachten:

Das Mädchen ist 14 Jahre alt. Sie ist schlaksig gebaut, verträumt und unglaublich tollpatschig. Die Tore zu ihrer Seele sind von Schatten untermalt und von einem milchigem Schleier abgedeckt. Seit Tagen hat sie keinen freien Kopf mehr.

Die Frage frisst sie innerlich auf.

Sie zerrt an ihr, wie eine Schülerin an dem Seil, das sie hochklettern muss. Sie fragt sich: Ist es das richtige, diese Grenze zu überschreiten, von der sie vor Kurzem noch nicht einmal wusste, dass es sie gibt?

Sie tut es und bereut es auch noch Jahre danach.

Ich stand vor dem Postschalter, hielt einen Din-B4-Umschlag in der Hand. Meine Hände zitterten, meine Gedanken pulsierten. Jetzt ist es noch nicht zu spät. Du hast jetzt noch die Macht, zu entscheiden, ob du diese Grenze überquerst oder nicht.

Jetzt Noch.

Die Dame hinter dem Tresen sah mich erwartungsvoll an. So nach dem Motto Ich-arbeite-gerade-könntest-du-deinen-Arsch-nach-vorne-bewegen-und-mir-sagen-was-du-willst? Natürlich sagte sie das nicht.

Atme ein und entscheide dich.

Atme aus und tu das, wofür du dich entschieden hast.

Ich atme ein.

Ich atme aus.

Und ich atme ein.

Und jetzt sollte ich was tun.

Und ich atme ein.

Und spätestens jetzt sollte ich meinen Arsch wirklich nach vorne bewegen.

Und ich atme ein.

Und trete nach vorne.

»Ich mö-möchte dies-diesen Umschlag - nein, ähm, Bri-Brief verschicken«, stottere ich vor mich hin.

Ich atme ein.

Und ich realisiere, dass ich auch mal ausatmen muss.

Ich platze!

Ich atme diesmal *wirklich* aus.

Und reich ihr den Umschlag.

»Bist du dir sicher, Kleines?«

Ich achte darauf, dass ich auch wirklich ein- und *aus*atme.

Nein, sie war sich damals nicht sicher und dennoch tat sie es. Sie verschickte das Manuskript an den Verlag und eineinhalb Jahre später wurde ihr erstes Buch herausgebracht. Auf dieses Buch folgten andere, und andere, und andere. Es wurde ihr Beruf, das Schreiben, ihr einstiges Hobby.
Ihre einstige Leidenschaft.
Und es war großartig.
Anfangs.
Anfangs dachte sie, sie hätte alles geschafft. Anfangs war das Autorin-Sein ein wahr gewordener Traum. Doch mit der Zeit verblasste ihre Leidenschaft, ihre Berufung wurde zum Beruf.

Ich saß da. Vor mir lag dieses leere Blatt, das mich seit Monaten zu verfolgen schien. Ich setzte meinen Stift ein weiteres Mal an, hoffte auf eine Gefühlsregung, auf eine Idee. Ich hoffte auf irgendetwas. Doch da war nur dieser Druck. Wie Luft fühlte sich jede Idee in meinem Kopf an - immer da, bloß so unfassbar. So bestandslos. Allgegenwärtig, aber ungreifbar. Mit einem lauten Schrei schleuderte ich den Stift gegen diese Wand. Ich beobachtete ihn wie er dalag.

Grenze.
Das Wort klingt so negativ, es klingt als würde einem die Freiheit geraubt werden.
Aber manchmal stehen Grenzen nicht da, um dich von der Freiheit zu trennen, sondern um die Freiheit bei dir zu halten. Manchmal sind Grenzen keine dicken Stahlmauern mit siebzig Metern Höhe und Maschendraht drüber, sondern einfach nur ein Paar warme Arme, die dich festhalten und alles bei dir halten, was dir wichtig ist.

Manchmal sind Grenzen unsichtbare, ordnungsbringende, erleichternde, schützende, trennende Phänomen, die so alles bei dir halten, was dich ausmacht, was dich glücklich macht.

Glaub mir, heute habe ich seit Langem den ersten Text geschrieben, den ich nicht veröffentlichen werde. Ich halte ihn in meinen Händen und werde ihn vor allem anderen abgrenzen. Und er wird der Start dafür sein, mir meine Leidenschaft zurückzuholen. Meine Grenzen neu aufzubauen.

Und diesmal werde ich sie nicht überschreiben.

Nein.

Ich werde sie aufschreiben.

5. Platz in der Altersklasse U14

Zeenat Akbari

Afghanisches Tagebuch

Sonntag, 9. April 1980
Liebes Tagebuch,
ich werde mit dem Augenblick beginnen, als ich dich bekommen habe, das heißt, als ich dich auf dem kleinen Holztisch in unserem Wohnzimmer gesehen habe. Am Freitag, dem 4. März, war ich schon sehr früh wach, da es mein achter Geburtstag war und ich wollte mich gleich auf den Weg nach unten machen. Mein Vater war ein berühmter Händler und jeder aus Afghanistan kannte die ganzen Teppiche und die anderen Waren, die er verkaufte. Er lud zu meinem Geburtstag jeden, den er auch nur annähernd kannte, und auch alle Nachbarn ein. Damals war es eine Selbstverständlichkeit, dass ich nach unten ging und alle Gäste begrüßte, auch wenn ich drei Viertel der Leute nicht einmal kannte. Danach lief ich schnell in die Küche und betrachtete die ganzen Speisen, die schon gekocht waren und nur noch aufgetischt werden mussten. Als das Essen dann bereit war, schnappte sich jeder einen Teller plünderte das Buffet.

Nach dem Essen gingen wir in den großen Garten, wo Musiker live auftraten und alles schön geschmückt war. Kurz danach wurden die Geschenke ausgepackt und alle haben sich gefreut. Ich bekam viele tolle Dinge wie Blumen, Bücher, Kleidung und vieles mehr... Eines meiner liebsten Geschenke war das Geschenk meiner Großtante: du. Ein wunderschönes Tagebuch, umwickelt von einem saphranblauen Band mit kleinen Schnüren daran. Um ehrlich zu sein, warst du das erste Tagebuch, das ich jemals in meiner Hand hielt. Eigentlich wollte ich direkt in mein Zimmer gehen und anfangen, in dich hineinzuschreiben, aber das wäre sehr unangebracht gewesen. Also blieb ich im Garten. Es wurde noch sehr viel gefeiert und gelacht. Wir Kinder haben die meiste Zeit lang gespielt. Irgendwann gingen dann auch die Leute, abgesehen von ein paar Familienmitgliedern, die noch für eine Woche bleiben wollten. Die Dienstmädchen bereiteten die Zimmer vor und Putzfrauen räumten das Wohnzimmer auf.

Ich muss zugeben, früher war ich eine sehr verwöhnte Göre. Aber unsere Familie war immer nett zu Anderen. Mein Vater ging jeden Monat mit mir und meinen vier Geschwistern in die Stadt, wo wir dann Essen an die Armen verteilten. Außerdem war er sehr spendenfreudig. Auf jeden Fall konnte ich immer noch nicht in dich hineinzuschreiben, da es schon spät war und ich mich am nächsten Tag noch um die Gäste kümmern musste.

Nun weißt du schon etwas über mein Leben. Jetzt kommen aber ein paar genauere Fakten: Ich bin acht Jahre alt, habe zwei Schwestern, eine ältere und eine jüngere und einen noch jüngeren Bruder. Meine Mutter und mein Vater hatten schon mit ungefähr achtzehn geheiratet und wir alle leben in unserer Heimat, Afghanistan. Hoffentlich kann ich noch öfters ich dich hineinschreiben.

Samstag, 15. April 1980
Liebes Tagebuch,
heute sind meine Mutter und mein Vater in die Stadt gegangen, um ein paar Gespräche mit irgendwelchen Leuten zu führen. Heute Morgen habe ich noch gehört, wie mein Vater mit einem Mann telefoniert hat. Er sah ziemlich besorgt aus. Ich habe keine Ahnung, wieso. Wahrscheinlich ist es nichts Schlimmes. Auf jeden Fall musste meine ältere Schwester auf uns aufpassen. Wir haben unsere neuen Sachen anprobiert, die wir neulich bekommen haben. Auch

wenn ich Geburtstag hatte, haben sie auch neue Kleidung bekommen, das ist bei uns selbstverständlich. Die Sachen waren sehr schön und haben mir auch gefallen.

Ich war gerade dabei, mein nächstes Kleid anzuprobieren, als es plötzlich an der Tür klingelte. Ich lief schnell hin und öffnete sie. Draußen stand eine arme Frau mit einem verängstigten Mädchen. Ich bin zwar erst acht Jahre alt, aber mir ist sofort aufgefallen, dass sie Opfer des Krieges waren, der letztes Jahr angefangen hat. Sie waren Bettler und hatten nichts. Sie taten mir sehr leid, also beschloss ich, heimlich ein paar meiner neuen Klamotten zu nehmen und sie ihnen zu geben. Schließlich war es eine gute Tat und wer eine gute Tat tut, wird zehnmal mehr gelobt. Voller Freude und mit Tränen in den Augen bedankten sie sich bei mir und gingen davon. Das tat ich von nun an jeden Tag, wenn meine Eltern nicht zuhause waren und jedes Mal war ich sehr stolz auf mich.

Ich wusste schon, dass meine Mutter sauer wird, wenn sie erfährt, dass ich alle neuen Kleider weggegeben habe. Also erzählte ich ihr immer, wenn sie nach Hause kam, dass sie kaputt gegangen seien. Nach einer Weile glaubte sie es nicht mehr, aber ich versuchte immer, das Thema zu wechseln oder ihr aus dem Weg zu gehen. Außerdem war ich sicher, dass sie es irgendwann vergessen würde, da ich so viele Klamotten hatte, dass sie die meisten gar nicht kannte. Und genau das geschah dann auch. Bald vergaß sie meine verschollene Kleidung und kümmerte sich mehr um meinen kleinen Bruder. Er war der erste Junge nach drei Mädchen in unserer Familie, daher verwöhnten wir ihn alle. Obwohl meine Mutter fast nur noch mit ihm beschäftigt war, habe ich ihn trotzdem lieb. Ich muss jetzt leider aufhören. Meine Mutter möchte, dass ich ihr mit meinem Bruder helfe. Na gut, ich nehme es zurück. Er nervt doch.

Dienstag, 18. April 1980
Liebes Tagebuch,
etwas Schreckliches ist passiert! Leider hatte ich die letzten Tage nicht so viel Zeit, in dich hineinzuschreiben. Es war ziemlich viel los. Sonntagmorgen wollte ich in die Küche gehen, um ein Brot zu essen. Da ich früh wach war, musste ich es mir selber schmieren. Ich war alleine, zumindest dachte ich es. Auf jeden Fall ging ich in die Küche und fand dort meinen Vater, der gerade telefonierte. Ich wollte ihn nicht stören, da er ziemlich wütend klang. So langsam hatte ich wirklich Angst, etwas Schreckliches sei passiert. Ich hörte ihn schimpfen. Er schrie, dass er es einfach nicht verstehen konnte, dass es passiert ist. Außerdem redete er auch von einem neuen Haus.

Müssen wir etwa umziehen? Ich will hier aber nicht weg. Ich liebe dieses Haus und diese Gegend! Und ich will auch nicht meine Freunde verlieren! Aber ich habe mich nicht getraut, es ihm zu sagen. Ich wollte nicht wissen, wie er darauf reagieren würde, wenn eines seiner Kinder ihn jetzt davon abhalten würde. Also ging ich schnell in mein Zimmer und blieb da noch eine Weile.

Die restlichen Tage verlief alles wie üblich, nur war ich ständig am Nachdenken. Was wird denn nun passieren? Ich hoffe, er redet noch mit uns darüber und zwar so schnell wie möglich!

Donnerstag, 20. April 1980
Liebes Tagebuch,
vielleicht ist die Sache mit dem Umziehen doch nicht so schlimm, wie ich dachte. Ich habe, wie gesagt, in meinem Zimmer viel überlegt und bin zu dem Entschluss gekommen, dass es gar nicht so schlimm wird. Möglicherweise wird es sogar richtig schön. Wenn wir eines Haus bekommen, kann ich mein Zimmer noch mal neu gestalten und es genauso machen, wie ich es haben möchte. Als ich geboren wurde, haben wir hier schon gelebt und meine Mutter hat

mein Zimmer eingerichtet. Jetzt kann ich es endlich so gestalten, wie ich es will. Derzeit ist mein Zimmer in einem leichten rosa Ton. Dabei hasse ich Rosa! Ich will es viel lieber Blau haben. Mal sehen...

Wenn wir in ein neues Haus ziehen, kann ich auch neue Freunde finden, ohne meine alten zu verlieren. Wahrscheinlich werden wir sogar ganz in der Nähe wohnen und ich kann weiterhin zur selben Schule gehen und mit meinen selben Freunden draußen im Garten spielen. Ich freue mich schon sehr! Hoffentlich wird es alles so gelingen, wie es auch soll.

Mittwoch, 26. April 1980
Liebes Tagebuch,
es ist doch nicht so, wie ich es dachte. Es ist irgendwie komisch. Papa kam vor ein paar Tagen zu uns ins Wohnzimmer und erzählte uns von einem Unfall, der ganz Afghanistan betraf. Ein schlimmer Rückfall. Wir mussten zur Sicherheit ein paar Koffer packen, falls etwas passieren sollte. Wir durften auch nicht mehr rausgehen, zumindest nicht ohne einen Erwachsenen. Aber warum? Sonst darf ich immer alleine zum Obsthändler gehen, einem alten Mann, der hinten auf der Straße immer leckeren Mais verkaufte. Jeden Tag ging ich mindestens einmal hin, meistens zweimal, um mir Mais zu holen. Teuer war er nicht. Nur drei Afghanis pro Stück. Aber diesmal konnte ich nicht hin. Kein Erwachsener hatte gerade Zeit und ich blieb zu Hause. Dabei war ich schließlich Stammgast. Jedenfalls muss ich jetzt noch einen Koffer packen und dann Mama helfen. Das wird so lustig... nicht!

Freitag, 28. April 1980
Liebes Tagebuch,
heute habe ich im Radio gehört, dass es anscheinend einen Krieg geben würde. Was ist ein Krieg? Mit dieser Frage ging ich in die

Schule und fragte meine Freunde. Sie erklärten mir, dass es ein großer Streit zwischen zwei Ländern wäre. Aber wieso war ich die Einzige, die nicht von dem Krieg zwischen Afghanistan und den Russen wusste? Jetzt habe ich auf jeden Fall noch mehr Angst als vorher. Wird jemand verletzt? Bleibt meine Familie in Ordnung? Wie lange würde das andauern? All diese Fragen gingen mir durch den Kopf... Aber keiner kannte die Antworten... Das Einzige was ich jetzt tun kann, ist beten und hoffen...

Samstag, 29. Apri 1980
Liebes Tagebuch,
heute hat das Fasten begonnen. Endlich kann ich mich etwas von dem ganzen Trubel ablenken. Es ist schon 16 Uhr und ich muss bis genau 21 Uhr fasten. Nur noch fünf Stunden. Das schaffe ich schon. Es ist aber ziemlich schlimm, dass mein Bruder vorhin zum Beispiel direkt vor mir gegessen hat! Schon klar, er kann nichts für, er ist noch klein. Trotzdem nervt es. Aber er konnte heute auch meine Liebe gewinnen, indem er mit mir gespielt hat und mich die ganze Zeit umarmt hat. Jetzt weiß ich endlich, warum ihn alle lieb haben. Klar, er ist noch ein Baby, aber er ist jetzt schon frech und kann auch sehr viel lachen. Total süß! Muss jetzt los, wir bereiten jetzt den Tisch für ein paar Gäste vor.

Sonntag, 6. Mai 1980
Liebes Tagebuch,
es ist etwas Schreckliches passiert! Vor ein paar Tagen haben wir erfahren, dass mein Vater mit uns fürs Erste verreisen möchte, da es hier nicht mehr sicher ist. Wie lange werden wir wegbleiben? Diese Frage schwebt mir die ganze Zeit im Kopf herum. Ich war nicht sicher, wie schnell alles vorbei geht, aber irgendwann merkte ich, je

öfter ich danach fragte, umso mehr Angst und Unwissen konnte ich in den Augen aller erblicken.

Mit dem Fasten versuche ich mich immer noch abzulenken, aber es ist schwierig, das alles hier hineinzuschreiben, während ich faste und mir Sorgen mache. Außerdem habe ich auch nicht wirklich Zeit, da ich ja jetzt immer helfen muss. Seltsamerweise sind all unsere Diener weggegangen. Papa sagt, sie müssten es tun, weil ihre Familien sie gerade brauchen. Kommen sie wohl wieder? Ich hasse es, alle Arbeit zu machen! Schließlich ist mein kleiner Bruder zu jung, meine kleinere Schwester zu albern und meine ältere Schwester hat sich den Arm verletzt. Na toll, jetzt bin ich zur Dienerin geworden. Ich will niemanden beleidigen, der Diener ist, aber wie machen sie das? Dieses ständige Putzen und Aufräumen und das Kommandieren ertragen? Dafür hätten sie echt was verdient! Muss leider jetzt los, da ich noch das Wohnzimmer fegen muss. Ich weiß nicht, wann ich wieder in dich hineinschreiben kann, denn ich habe in nächster Zeit viel zu tun. Bestimmt bald... hoffe ich!

Freitag, 25. Mai 1980
Liebes Tagebuch,
wir sitzen gerade versteckt in einem Wagen und werden aus der Stadt geschmuggelt. Warum wir hier sind? Lange Geschichte... Aber das meiste weißt du ja schon.

Also, wie gesagt, mussten wir gehen. Doch genau noch am Abend davor wurde im Radio durchgegeben, dass es einen heftigen Bombenanschlag in der Nähe unserer Straße gab.

Kurz danach ergriffen meine Eltern alles, was sie noch in der Eile nehmen konnten, und liefen mit uns hinaus. Panisch lief meine Mutter mit meinem Bruder in ihren Armen, meine kleine Schwester auf den Schultern meines Vaters. Ich konnte die Angst in ihren Augen sehen. Meine Mutter lief stumm umher und wollte meinen

Bruder beschützen, glücklicherweise merkte mein Bruder kaum, was um ihn herum geschah, da er noch sehr klein war. Meine kleine Schwester schrie und schrie und musste heulen. Erst später bemerkte ich, dass meine ältere Schwester die ganze Zeit über meine Hand hielt und sie nicht los ließ. Ich drehte mich um, um noch mal unser Haus zu erblicken, denn ich wusste, dass es wahrscheinlich das letzte Mal wäre. Benommen blieb ich einfach stehen.

Nach kurzer Zeit zog jemand an meiner Hand. Es war meine Schwester, die mich hinter sich herzog. Wir liefen einfach weiter und weiter und blieben erst nach einer gefühlten Ewigkeit stehen. Wir waren mitten in der Stadt. Zuerst gingen wir in eine kleine Gasse, damit sich alle wieder beruhigen konnten. Dennoch waren alle ganz panisch. Nach einer Weile ging unser Vater raus und ich sah ihn mit einem fremden Mann sprechen. Wahrscheinlich redeten sie darüber, wie wir flüchten konnten. Zumindest behauptete das meine große Schwester. Ich kümmerte mich um meine kleine Schwester und beruhigte sie.

Etwas später kamen mein Vater und der fremde Mann und gingen mit uns weiter hinaus an die Stadtgrenze. Dort lag ein kleines Haus, in dem wir fürs erste blieben. Die Tage vergingen sehr langsam und wir waren alle noch ängstlich. Irgendwann mussten wieder los. Oh, ich muss nun los. Wir sind gerade in Ghazni (eine Stadt an der Grenze) angekommen.

Samstag, 26. Mai 1980
Liebes Tagebuch,
wo war ich gestern? Ach ja. Also, nachdem wir das kleine Häuschen verlassen hatten, kam es mir sehr blöd vor. Klar, wir wohnten da nur ein paar Tage und als »wohnen« kann man es auch nicht bezeichnen. Aber mir kam es die ganze Zeit wie unser Haus vor und ich fragte mich, wie unser Haus nun aussah. Ist etwas in den letzten Tagen, als

wir nicht da waren, passiert? Werden wir jemals wieder in unser Haus zurückkehren? Und werden wir irgendwann wieder ein normales Leben führen können? All diese Fragen schwirrten in meinem Kopf herum und es machte mich fertig, dass ich auf keine eine Antwort wusste.

Auf jeden Fall kamen wir irgendwann an einem alten Laster an, in dem schon mehrere Leute saßen. Mein Vater gab dem Fahrer viele Afghanis und wir zwängten uns in den Laster hinein. Ganz hinten in der Ecke fand ich noch etwas Platz und ich lief schnell hin. Meine Mutter und die Anderen waren um mich herum.

Heimlich heulten viele. Die Enge nervte. Unser Haus werden wir nicht mehr wiedersehen. Wir hatten Angst. Wir waren verletzt. Ich hatte Hunger und Durst. Doch trotz all diesen Dingen war etwas anders, was mich am meisten erschreckte. Nicht die Bombenanschläge oder die verletzten Menschen. Nicht mal das Verstecken im Wagen. Nein, etwas anderes. Zum ersten Mal in meinem ganzen Leben sah ich meinen Vater weinen…

Dienstag, 29. Mai 1980
Liebes Tagebuch,
nach einer sehr langen Fahrt kamen wir endlich in Ghazni an. Dort trafen wir ein paar alte Freunde von meinem Vater. Er redete mit ihnen und wir durften erst mal bei ihnen wohnen. Dort konnte ich mich nach langer Zeit endlich mal wieder duschen. Sogar das Fasten haben wir gebrochen, auch wenn heute der letzte Tag ist. Kurz nach dem Essen schickte mein Vater uns raus. Er wollte noch etwas mit den Erwachsenen bereden, aber zum Glück hatte der Freund von meinem Papa Kinder, mit denen wir spielen konnten. Sie waren sehr nett zu uns und gaben uns ein paar ihrer Kleider.

Als ich dann wieder rein wollte, hörte ich meinen Vater, wie er erschrocken ins Telefon sprach. Anscheinend war etwas passiert. Ich hörte genauer hin und bekam mit, wie man ihm mitteilte, dass unser Haus während des Bombenanschlags zerstört worden war. In diesem Moment verschwamm alles um mich herum. Ich konnte kaum atmen und holte tief Luft. Meine Augen wollten sich schließen und mir kullerten Tränen über die Wangen. Ich konnte es kaum fassen, denn in diesem Augenblick wurde mir etwas bewusst... Wir hatten unsere Heimat verloren!

Donnerstag, 30. Mai 1980
Liebes Tagebuch,
morgen haben wir vor, wegzugehen. Wir wollen nun endgültig an die Grenze Afghanistans und erst mal nach Pakistan zu unseren Verwandten flüchten. Ich bin schon sehr gespannt...

PS: Tut mir leid, dass es heute nur ein sehr kurzer Eintrag wurde, aber ich habe einfach nichts zu sagen und will auch nichts sagen.

Freitag, 31. Mai 1980
Liebes Tagebuch,
nun sind wir in Pakistan angekommen. Die Reise war anstrengend, aber sie war es wert. Als wir im Laster saßen, mussten wir irgendwann anhalten. Stille trat ein. Ich holte tief Luft und wartete.
Plötzlich hörte ich fremde Stimmen. Zuerst dachte ich, es wären andere Leute, die mitgenommen werden wollten. Aber als ich aus einem Ritz hinaus spähte, erkannte ich die Uniform tragenden Polizisten, die die Pässe kontrollierten und in den Lastern nach blinden Passagieren Ausschau hielten. Gott sei Dank kamen sie nicht zu uns, aber ich konnte Kindergeschrei und Weinen von draußen hören. Bestimmt Familien, die aufgeflogen waren. Aber in den letzten Tagen habe ich gelernt, dass ich an mich selbst und an meine Familie denken musste. Obwohl es mich schmerzte, andere heulen zu hören, blieb ich still.

Später kamen wir in der Stadt an und gingen herum. Als wir das Haus fanden, traten wir hinein und legten uns erst mal alle hin. Nach etwas Schlaf bekamen wir etwas zu Essen und Wasser. Jetzt sucht mein Vater gerade nach einem Ort, an dem wir leben werden. Einen, in dem es keinen Krieg gibt, im Gegenteil. Es soll ein Ort des Friedens und der Ruhe sein.

Sonntag, 2. Juni 1980
Liebes Tagebuch,
heute gibt es nichts mitzuteilen, bis auf die Tatsache, dass Papa noch nach einem Haus in einem friedlichen Land sucht. Er hat anscheinend schon eine Idee, ich bin mir aber nicht sicher, ob sie mir gefallen wird... Muss jetzt aufhören und den Müttern beim Kochen helfen. Außerdem finde ich es sehr nett, dass wir hier gerade leben dürfen.

Freitag, 7. Juni 1980
Liebes Tagebuch,
wir haben endlich erfahren, wohin wir gehen und ich fand es schrecklich. Papa hat ein Land ausgewählt, in dem es zwar keinen Krieg gab, aber wir kannten dort keinen und die meisten Menschen dort hatten eine ganz andere Religion. Er erzählte uns von Deutschland, wo wir in Ruhe leben können sollten. Ich fand allein den Gedanken schon schrecklich. Den anderen ging es wohl auch so. Klar, ein neuer Start würde uns guttun, aber *so* neu wollte ich ihn nun auch nicht.

Die nächsten Tage überlegte ich und dachte darüber nach. Und je mehr ich darüber nachdachte, umso mehr wollte ich es. Bestimmt würde alles schwieriger werden, ein neues Land, eine neue Umgebung, neue Leute, eine neue Sprache, neue Freunde und, und, und...

Jedoch würden wir in Ruhe leben können. Daher willigten alle von uns ein. Wir gaben einfach nach. Wahrscheinlich haben alle darüber nachgedacht und sahen zwar die Hindernisse, aber auch die guten Dinge. Keine Ahnung, ob ich morgen mit Freude oder mit Angst, mit einem Schock oder mit Spaß in den Laster einsteige und nach Deutschland aufbreche. Die Reise wird lange dauern, aber wir können die Zeit zum Planen nutzen. Hoffentlich wird alles gut. Zum Glück habe ich dich.

Sonderpreis in der Altersklasse U14 für den kreativen Plot

Ruben Stadelbauer

Volker hört die Signale

Kapitel 1: Der Diebstahl

Volker wachte auf. Er wusste innerlich, dass etwas nicht stimmte. Aber was stimmte nicht?

Er sah seine Hand an, da fiel es ihm plötzlich wie Schuppen von den Augen: Er, Volker wurde beklaut! Aber was wurde geklaut? Die Sterne am Nachthimmel waren da. Die Bäume in seinem Garten ebenfalls. Er inspizierte seine Umgebung erneut und schlagartig begriff er: Es war nicht die Bettdecke, die fehlte, und sein Mitbewohner war ebenfalls da, aber das Schlafzimmer: Es war weg!

Aber wie kann man eigentlich ein Schlafzimmer klauen? Dazu hat die Polizei eine Theorie mit drei einfachen Schritten veröffentlicht.

Schritt 1:

Man prüft, ob alle Bewohner des Hauses tief schlafen.

Dann kann man mit einer Kettensäge das Dach entfernen und per Lastenhubschrauber das Schlafzimmer wegtransportieren.

Schritt 2:

Die Wände des Schlafzimmers lockern und mit einem vorher aufgebauten Kran abnehmen.

Schritt 3:

Die Wände auf einen eigens dafür vorgesehenen Lkw laden, wegfahren und hoffen, dass es keine Zeugen gibt.

Und dennoch tappte die Polizei im Dunkeln. Aber was ist mit Volker? Was sollte er tun, so ganz ohne Schlafzimmer? Auf jeden Fall musste etwas geschehen!

Es gab tatsächlich schon andere Fälle von geklauten Schlafzimmern. »Das überschreitet moralisch die Grenze«, meinte Polizeichef Willi dazu.

Kapitel 2: Es ist an der Zeit
Als Volkers Mitbewohner aufgewacht war, war das Schlafzimmer weg. Er blinzelte, setzte sich auf und rieb sich den Schlaf aus den Augen. Er zog sich an und ging nach unten, wo er Volker einen Polizisten anschreien sah. Er machte Frühstück und als er fertig war, ging er zu Volker und sagte: »Das Frühstück ist fertig!«, weil ihm nichts Besseres einfiel, in so einer Situation. Ihm fiel nie etwas Besseres ein. Geistesabwesend nahm Volker ein Brot und ein Messer. »Das Schlafzimmer ist weg!«, sagte der Mitbewohner schließlich. »Ach was!«, meinte Volker gereizt, wütend den Polizisten anstarrend. »Wie spät ist es?«, fragte der Mitbewohner. »Es ist Zeit etwas zu unternehmen!«, antwortete Volker nervös und ging wieder auf den Polizisten zu. Bedauerlicherweise hatte der Mitbewohner keine Zeit mehr, Volker zu warnen, dass seine Gesten leicht missverstanden werden könnten, denn da war es schon zu spät.

Am Ende des Gerichtsverfahrens sagte der Richter: »Ich verurteile Sie wegen des gemeinschaftlichen Angriffs auf einen Beamten zu einer Haftstrafe von zwei Jahren!« Der Mitbewohner fragte: »Hättest du nicht das Messer weg legen können bevor...?« Volker seufzte.

Aber es war ja auch nicht alles schlecht. Immerhin hatten Volker und der Mitbewohner jetzt im Gefängnis wieder ein Schlafzimmer. Als sie also einschliefen und sie am nächsten Morgen in den strahlend blauen Himmel blickten... Moment? Blauer Himmel? Heißt das...? Doch! Es war weg!

Kapitel 3: Einen Schlafzimmerdieb stellen
Nachdem auch das Gefängnisschlafzimmer verschwunden war, fasste Volker einen Entschluss: Er würde den Schlafzimmerdieb stellen! Aber vorerst... Da hörte man Sirenen heulen.

Kapitel 4: Von Explosionen, einer wilden Jagd und Hühnern
Kaum hatte Volker sich einen Plan zurechtgelegt wurde dieser über den Haufen geworfen.

Wie genau, wusste Volker nicht mehr, aber sein Mitbewohner klärte ihn auf. Es hatte etwas mit dem Sirenengeheul zu tun, das erklang, nachdem sie »ausgebrochen« waren. Sie wurden nämlich von der Polizei gejagt, wobei sie selbst einen Streifenwagen fuhren. Es gab Explosionen, Hubschrauber und epische Sprünge, bis sie endlich entkommen konnten.

Nun befanden sie sich auf einem Bauernhof. Beziehungsweise im Hühnerstall des Bauernhofs. »Wusstest du, dass Hühner so leben?«, fragte der Mitbewohner verstört. »Eher nicht«, antwortete Volker. Sie suchten sich einen Strohhaufen und machten sich für die Nacht bereit.

Kapitel 5: Volker und der Wortkack-Guru
(Hier überspringen wir kurz die Handlung, da diese Gewaltszenen und Fäkalsprach-Vokabular beinhaltet. Es geht um Folgendes: Der Besitzer des Hofes kam mit einer Schrotflinte in den Hühnerstall gerannt und schoss in Richtung Volkers und seines Mitbewohners. Er verfehlte beide, zu ihrem Glück, und traf zu seinem Pech ein Huhn. Die anderen Hühner attackierten daraufhin den Bauern und wenig später traf ein Krankenwagen ein.)

Nun war unser Protagonist wieder in der Großstadt, wo er einen Flyer fand, der ihm, falls er ein Signal brauchte, welches ihm helfen konnte, einen Guru empfahl, der das Signal mit seinem Geheimmittel produzieren könne.

Volker und sein Mitbewohner standen also nun am Grenzweg 3, welcher an der Grenze lag, und klingelten an einem unscheinbaren Haus. Ein alter Mann öffnete ihnen. »Ja hallo...«, grüßte Volker, »wir kommen wegen diesem Flyer...«

»Ahhh, genau«, unterbrach ihn der Alte, »ich muss euch diesbezüglich allerdings darauf hinweisen, dass dies eventuell nicht ganz legal sein wird.«

»Keine Sorge«, erwiderte Volkers Mitbewohner, »die gesetzliche Grenze haben wir schon einmal überschritten.«

»Na dann ist ja gut!«, meinte der Alte. Volker hustete. »Aber wer sind Sie denn eigentlich?«, fragte er.

»Ich?«, meinte der Alte. »Nun, man nennt mich den Wortkack-Guru!«

Kapitel 6: Endlich Signale!

»Also«, erklärte der Wortkack-Guru, »du wirst nun diesen Dampf einatmen! Dann wirst du auf der richtigen Mentalebene sein, um Signale zu hören.«

»Sie wollen mir also diese illegale bewusstseinserweiternde Substanz einflößen, wobei ich keine gesundheitliche Garantie habe?«, fragte Volker.

»Genau«, meinte der Alte.

Volker seufzte. »Aber wie lange wird der Zustand denn anhalten?«, fragte Volker.

»Normalerweise für immer.«

Doch da hatte Volker schon eingeatmet.

Kapitel 7: Und was die Signale einem sagen

Als Volker aufwachte, war es Morgen. Und...ha! Es war noch da! Das Schlafzimmer war noch da! Volker stand auf und setzte sich das Ziel in den Kopf, den Wortkack-Guru zu finden. Sofort ertönte in seinem Kopf ein hoher Hupton, der Volker zusammenzucken ließ. Der Ton wurde lauter und plötzlich öffnete sich die Tür des Schlafzimmers, in dem er lag. Der Wortkack-Guru kam in das Zimmer und der Hupton, den Volker hörte, wurde immer lauter, bis er unvermittelt verstummte, als der Alte neben ihm stand. Der Alte brachte Volker Tee und setzte sich. Nachdem sie eine Zeit lang über Belanglosigkeiten wie Volkers Gesundheit geredet hatten, erklärte der Alte, wie die Signalsache funktionierte.

»Du setzt dir also ein physisches Ziel und hörst, sobald es erfasst wurde, ein Signal, welches je nach Abstand zum Ziel immer lauter und leiser wird. Ich nenne dieses Signal übrigens ›den Hupton‹«, sagte der Alte feierlich.

Nach einiger Zeit beim Wortkack-Guru machte sich Volker mit seinem Mitbewohner wieder auf den Weg, fest entschlossen, den Schlafzimmerdieb zu stellen.

Kapitel 8: Volker und der Lastkraftwagen...Dann ist Ende

Anfangs war das Signal, das Volker hörte, sehr leise. Doch das änderte sich schon bald.

Nachdem Volker schon ein gutes Stück gelaufen war, kam er an eine Straße. Er fasste sich an den Kopf. Dieser Hupton war schon so laut, dass Volker Kopfschmerzen bekam und er wurde immer lauter. Erst jetzt realisierte Volker, dass er mitten auf einer Straße stand. Sein Mitbewohner schrie etwas Unverständliches und plötzlich mischte sich in das Hupen in seinem Kopf der Lärm eines Motors. Er drehte leicht den Kopf nach links und sah den Lkw, der exakt auf ihn zufuhr.

Noah Bremer

Gurken rennen

Gurken Gurken,
rennen rennen.
Laufen laufen
immer weiter
bis zum Schluss
hin und her.
Schnell, schnell, schnell.
Laufen laufen
immer weiter
bis zum Schluss
hin und her.
Gurken laufen
hin und her
bis zum Schluss
schnell, schnell, schnell.
Weiter weiter immer
weiter.
Bis zum Schluss.
Es ging zu weit.
Sie wollten nicht mehr
für die Gurken und
noch mehr.

> Jeden Tag verliert mindestens
> eine Gurke einen Liter
> Gurkenwasser!
> Bitte helfen Sie!

Wir tun, was wir können!
Helfen Sie jetzt!

Elina Desjardins

Ein Teil von mir

Ich lag in meinem Bett, starrte an die Decke und war in Gedanken versunken, als es leise an meiner Zimmertür klopfte. Die Tür öffnete sich langsam und meine Mutter steckte ihren Kopf in mein Zimmer. »Emilia, du schläfst noch nicht?! Es ist 23 Uhr und morgen ist Schule«, sagte meine Mutter streng.

»Ja, ich gehe ja jetzt schlafen«, antwortete ich genervt. Doch meine Mutter schüttelte nur den Kopf und verließ den Raum.

Es ist manchmal echt kompliziert nur mit seiner Mutter zusammen zu leben. Ich kenne meinen Vater nicht und ich möchte ihn auch nicht kennen lernen. Er hat uns verlassen, als ich ein halbes Jahr alt war. Geschwister habe ich auch nicht. Ich seufzte und schaute aus meinem Fenster, das sich neben meinem Bett befand. Ich blickte zu den Sternen hoch, die stark zu sehen waren. Es war eine warme Sommernacht und der Himmel war klar. Morgen ist mein fünfzehnter Geburtstag! Ich lächelte, doch irgendwie fühlte ich mich leer. Dieses Gefühl hatte ich schon seit einigen Wochen in mir. Es fühlte sich so an, als würde ein Teil von mir fehlen. Ich nahm den Bilderrahmen, der auf meinem Nachttisch stand, in die Hand. In ihm war ein Foto von meiner Mutter und mir zu sehen. Doch es war nicht vollständig. Ein Teil des Bildes fehlte. Ich drückte es an meine Brust und atmete tief ein.

Ich schreckte hoch und war schweißgebadet. Ich hatte wieder diesen Traum. Diesen Traum, in dem ein Mädchen vor mir steht, das genauso aussieht wie ich. Ihr kastanienbraunes Haar glänzt in der Sonne und ihre großen braunen Augen strahlen. Sie lächelt mich an und hält mir ihre Hand entgegen. Ich will sie ergreifen, doch dann verschwindet sie und an dieser Stelle wachte ich jedes Mal auf. Ich öffnete mein Fenster und atmete die frische Morgenluft ein. Ich schloss meine Augen und genoss den Moment, hörte wie die Vögel zwitscherten und wie das Wasser im Bach plätscherte. Meine Mutter kam strahlend in mein Zimmer hereingestürmt. In ihren Händen hielt sie eine große Schokoladentorte, auf der fünfzehn Kerzen thronten. Sie fing an, »Happy Birthday« zu singen und drückte mir einen liebevollen Kuss auf die Wange. Ich fiel ihr lachend in die Arme. Nachdem ich die Kerzen ausgepustet hatte, ging ich schnell ins Badezimmer.

Eine halbe Ewigkeit später, in der ich mich geduscht, angezogen, meine Zähne geputzt und meine Haare geföhnt hatte, lief ich die Treppe herunter und sah einen gedeckten Frühstückstisch mit einem Geschenk. Wir frühstückten zusammen und ich packte mein Geschenk aus. Es war ein neues Handy. Als ich es sah, fing ich an zu strahlen und fiel meiner Mutter um den Hals. Ich schaute auf die große Uhr, die über der Küchentür hing, und erschrak. Es war schon zwanzig vor acht. Ich sprang auf, zog mir meine Turnschuhe an und streifte mir meine Jeansjacke über. Nachdem ich mir noch schnell einen Apfel geschnappt hatte, rief ich meiner Mutter noch hastig ein »Tschüss« zu, stürmte aus dem Haus und machte mich auf den Weg zur Bushaltestelle. Als ich dort nach Luft ringend ankam, hielt auch schon der Bus und ich sprang noch schnell hinein, ließ mich auf einen freien Platz fallen und probierte nicht mehr ganz so stark zu schnaufen, da mich einige Mitfahrer schon merkwürdig musterten. Nachdem ich wieder normal atmen konnte, stöpselte ich mir meine Kopfhörer in die Ohren und beobachtete das Geschehen auf der Straße.

Vor der Schule angekommen, sprang ich aus dem Bus heraus. Mir hüpfte schon jemand entgegen. Es war meine beste Freundin Sophie, die mich stürmisch umarmte. Sie ging in meine Klasse und wir kannten uns schon seit dem Kindergarten. Wir machten seitdem alles zusammen, gingen durch dick und dünn, und da sie nur einen älteren Bruder hatte, fühlten wir uns wie Schwestern. Mit ihren langen, glatten blonden Haaren, ihren blauen Augen und ihren 1,58 Meter sah sie mir mit meinen gewellten braunen Haaren, meinen großen braunen Augen und meinen 1,67 Meter äußerlich zwar überhaupt nicht ähnlich, doch innerlich waren wir es. Sie hielt mir grinsend eine kleine Box entgegen und ich öffnete sie. Ich schaute herein und sah ein silbernes Armband, an dem ein Anhänger hing. Der Anhänger war ein kleiner Stern, der sich öffnen ließ. In dem Anhänger war ein Bild von Sophie und mir zu sehen, auf dem wir in die Kamera lachten. Ich schloss den Anhänger wieder, fiel ihr um den Hals und wollte sie gar nicht mehr loslassen.

Während des Unterrichts schaute ich hauptsächlich aus dem Fenster und ließ den Schultag einfach an mir vorbeiziehen. Nach der letzten Stunde fuhren Sophie und ich zusammen zu mir nach Hause. Als wir das Haus betraten, bat meine Mutter mich, dass ich den Stuhl, der im Flur stand, auf den Dachboden bringen sollte. Ich verdrehte die Augen und stöhnte. Sophie und ich hängten unsere Jacken an die Garderobe und schlüpften aus unseren Schuhen. Dann nahm ich den Stuhl und wir machten uns auf den Weg zum Dachboden. Dort angekommen wollte ich gerade das Licht anschalten, doch ich stolperte über eine Kiste und fiel hin. Sophie tastete sich vor zum Lichtschalter, da es dort oben stockdunkel war, und fand ihn kurze Zeit später. Ich lag immer noch auf dem Boden. Sophie fragte mich besorgt, ob es mir gut ginge, doch ich antwortete nicht. Ich starrte nur auf die Kiste, die sich aufgrund meines Sturzes geöffnet hatte. Der Inhalt der Kiste war auf dem Boden verteilt und direkt vor Sophies Füßen lag ein Foto. Und es war nicht irgendein Foto. Nein! Es war das Foto, welches auf meinem Nachttisch stand. Doch auf diesem Bild waren noch zwei weitere Personen zu sehen. Ein Baby, das etwa in meinem Alter sein müsste, und ein Mann. Es war mein Vater! Ich starrte auf das Bild und alles verschwamm vor meinen Augen. Sophie wusste sofort, was los war, und starrte ebenfalls auf das Foto.

»Wer ist das Mädchen?«, flüsterte ich geschockt. Sophie zuckte nur mit den Schultern, doch wir vermuteten das Gleiche. Ich nahm das Bild in die Hand und schluckte. Ich dursuchte panisch die anderen Zettel, die auf dem Boden verteilt lagen, und fand noch ein Foto. Dort war wieder dieser Mann, der vermutlich mein Vater war, und ein Mädchen, das etwa 9 Jahre alt sein musste, zu sehen. Ich erschrak, da das Mädchen, das so glücklich in die Kamera lächelte, mir zum Verwechseln ähnlich sah. »Das ist nicht möglich! Das kann nicht sein! Ich kann das gar nicht sein, ich hab diesen Mann noch nie gesehen!«, murmelte ich fassungslos. Sophie kniete sich neben mich und sah jetzt auch aufs Foto. Ich nahm einen Zettel, der ebenfalls auf dem Boden lag, in die Hand und las ihn.

Liebe Sabine,
ich hoffe, dir und Emilia geht es gut. Amelie und mir geht es sehr gut. Hier ist ein Foto von uns beiden.
Dass du uns nicht vergisst!
Liebe Grüße, Oliver
PS: Hast du es Emilia erzählt? Ich schaffe es nicht, es Amelie zu sagen.

Das war zu viel für mich. Ich brach in Tränen aus. Auf einmal erfuhr ich, wer mein Vater war, und als ob das noch nicht genug war, erfuhr ich, dass ich wohl eine Schwester hatte, von der ich nie wusste, dass es sie gibt. Sophie nahm mich in den Arm. Auch sie war geschockt und bekam kein Wort heraus. Deswegen hielt sie mich einfach nur in ihren Armen und sagte gar nichts. Ich nahm das Foto mit dem Mann und dem Mädchen noch einmal in die Hand und schaute das Mädchen genauer an. Auf einmal erinnerte ich mich wieder an diesen einen Traum, in dem das Mädchen, welches genauso aussah wie ich, mir die Hand reicht und als ich sie ergreifen wollte, verschwand es. Dieses Mädchen aus dem Traum und auf diesem Bild war meine Zwillingsschwester! Vielleicht verspürte ich deshalb in letzter Zeit diese Leere in mir. Ich rannte nach unten in die Küche, wo meine Mutter sich gerade einen Tee machte. »Mama!«, sagte ich streng. Sie drehte sich zu mir um und sah mein verweintes Gesicht. »Oh Schatz, was ist denn los?«, fragte mich meine Mutter besorgt. »Wann hattest du vor, mir von meinem Vater und meiner Zwillingsschwester zu erzählen?«, schrie ich sie an und schon wieder liefen mir Tränen übers Gesicht. Meine Mutter wurde auf einmal ganz blass und sie setzte sich hin. Ich hielt ihr das Foto, das ich noch in der Hand hielt, entgegen. »Ist das meine Schwester?«, fragte ich verzweifelt, und auf einmal fing auch meine Mutter an zu weinen. »Ja«, flüsterte sie, doch sie schaute mich nicht an.

Ich rannte nach oben in mein Zimmer, knallte meine Zimmertür zu und schmiss mich auf mein Bett, wo ich mein Gesicht in meinem Kissen vergrub. In diesem Moment gingen mir so viele Gedanken durch meinen Kopf. »Dieses Mädchen ist wirklich meine Schwester!«, schniefte ich fassungslos. Es klopfte leise an meiner Tür und Sophie kam herein. Sie fragte mich, ob ich vielleicht besser allein sein würde. Ich nickte und verabschiedete mich von ihr. Eine kurze Zeit später klopfte es nochmal an meiner Tür. »Ich will nicht mit dir reden!«, sagte ich laut, doch sie betrat trotzdem den Raum und setze sich neben mich auf mein Bett. Sie wirkte traurig und verletzt und irgendwie tat sie mir in diesem Moment leid. Auch wenn sie mir fünfzehn Jahre lang meine Schwester verheimlicht hatte und auch nicht von meinem Vater gesprochen hatte, nahm ich sie in diesem Moment in den Arm, da sie auf einmal so zerbrechlich wirkte, so wie ich sie noch nie erlebt hatte. »Ich werde dir alles erklären«, sagte meine Mutter entschlossen und ich brachte ein Lächeln über meine Lippen.

Nachdem meine Mutter die Kiste mit den Briefen meines Vaters vom Dachboden geholt hatte, setzten wir uns gemeinsam aufs Sofa und sie erklärte mir alles. Meine Zwillingsschwester hieß Amelie und sie lebte bei meinem Vater Oliver. Als Amelie und ich ein halbes Jahr alt waren, trennten sich unsere Eltern und sie entschieden sich dafür, dass jeder ein Kind aufzog. So zog mein Vater mit Amelie weg in eine andere Stadt und ich lebte bei meiner Mutter. Sie wollten uns eigentlich davon erzählen, doch sie hatten es nie geschafft. Mein Vater hat meiner Mutter wohl noch länger Briefe geschrieben, doch sie antwortete nie. So hörte auch mein Vater bald auf, ihr Briefe zu schreiben. Irgendwann war der Kontakt abgebrochen und meine Mutter ließ ihr altes Leben hinter sich. Doch die Briefe schmiss sie nie weg.

Am Abend konnte ich nicht einschlafen. Ich musste immer wieder an Amelie und meinen Vater denken. Ich wälzte mich hin und her. Auf einmal fuhr ich hoch. Ich wollte sie finden!

In den folgenden Wochen ging ich immer wieder auf den Dachboden, wo die Kiste inzwischen wieder stand. Ich suchte nach Hinweisen, um der Lösung näherzukommen, doch ich fand nichts. Als ich fast aufgegeben hatte, bemerkte ich, dass die Kiste einen Unterboden besaß und öffnete ihn. Ich sah ein Amulett, das sich öffnen ließ, und innen drin war ein Foto, auf dem ein großes, altes Haus abgebildet war. Ich schmiss es zurück in die Kiste und lehnte mich frustriert an die Wand. Doch auf einmal hatte ich eine Idee. Ich holte das Amulett wieder aus der Kiste, rannte hinunter in mein Zimmer und setzte mich mit meinem Laptop auf mein Bett, wo ich Bilder von alten Häusern googelte. Nach einigen Stunden, in denen ich um die tausend Häuser sah, stieß ich auf ein Foto, auf dem das gesuchte Haus zu sehen war. Ich stieß ein Freudenjauchzer aus und klickte auf die Quelle, die unter dem Bild verlinkt war. Dieses Haus stand unter Denkmalschutz und tatsächlich war eine Telefonnummer des Besitzers angegeben worden. Ich zögerte, doch letztendlich holte ich mein Handy heraus und wählte mit zitternden Händen die Nummer. Doch bevor ich die letzte Zahl drückte, stoppte ich und atmete noch einmal tief ein. »Es könnte sein, dass ich gleich zum ersten Mal in meinem Leben mit meinem Vater oder meiner Schwester sprechen werde«, murmelte ich und wählte die letzte Nummer. Es klingelte und dann hörte ich eine tiefe Männerstimme und mein Herz fing an, schneller zu schlagen. Ist das mein Vater?

»Hallo, ich bin Emilia! Heißen sie Oliver?«, fragte ich mit zitternder Stimme.

»Nein, tut mir leid ich bin der Torben«, meldete sich die Stimme am anderen Ende. Ich sackte enttäuscht in mir zusammen. »Aber ein Oliver lebte hier für ungefähr dreizehn Jahre mit seiner Tochter. Ich glaube sie hieß Ali..., nein, Ame... Entschuldigung, der Name fällt mir gerade nicht mehr ein«, sagte die Männerstimme.

»Amelie? Hieß die Tochter Amelie?«, fragte ich aufgeregt. »Ja, ich glaube so hieß sie. Warum möchtest du das eigentlich wissen?« erwiderte der Mann misstrauisch.

»Ähm, also... Sie, sie ist meine Cousine«, log ich ihn an.

»Ach so, die beiden sind vor ungefähr eineinhalb Jahren nach Hannover gezogen und ich bin hier in dieses wunderschöne Haus gezogen«, erzählte er mir fröhlich.

»Vielen Dank, kennen Sie vielleicht auch ihre Adresse?«, fragte ich zögernd.

»Du hast ja viele Fragen«, lachte er. »Ich glaube tatsächlich, dass ich dir da weiterhelfen kann.« Es raschelte kurz und daraufhin sprach er weiter: »Sie wohnen, wenn sie nicht nochmal umgezogen sind, im Grünfelderweg 81.«

»Vielen, vielen Dank. Sie haben mir wirklich sehr weitergeholfen«, antwortete ich dankbar.

»Gerne, gerne, und noch viel Glück bei deiner Suche«, erwiderte er freundlich und legte auf. Ich legte mein Handy auf meinen Nachttisch, legte mich hin und lächelt vor mich hin. Nicht mehr lange, und ich hatte es geschafft! Ich rannte die Treppe herunter und lief ins Wohnzimmer, wo meine Mutter lag und Zeitung las. Ich wollte sie überreden, mit mir nach Hannover zu fahren, doch ich wusste, dass es nicht einfach werden wird. So schwärmte ich erstmal von ihrer neuen Hose, doch meine Mutter begriff sofort, dass ich irgendetwas von ihr wollte. Sie fragte mich, was los war. Doch ich traute mich nicht, ihr meinen Plan sofort zu berichten, da ich wusste, dass meine Mutter diese Idee nicht gerade gut finden würde, da sie ihr altes Leben hinter sich lassen wollte. Doch ich, ich wollte ein neues Leben anfangen, in dem ich auch meine Schwester und meinen Vater kannte. So druckste ich erstmal herum und meine Mutter guckte mich fragend an. Dann platzte ich doch mit meinem Vorhaben heraus. Ich erzählte ihr von dem Telefonat und auch davon, dass ich jetzt wusste, wo die beiden wohnten. Als ich fertig berichtet hatte, wurde der Gesichtsausdruck meiner Mutter sehr ernst. »Emilia!«, meinte sie streng zu mir. »Ich habe dir doch schon gesagt, dass ich das Vergangene, hinter mir lassen möchte. Und auch du solltest dich lieber auf deine Zukunft konzentrieren. Zum Beispiel auf die Schule. Deine Noten sind auch nicht mehr die von früher«, beschwerte sie sich bei mir.

Ich starrte sie fassungslos an. Ich konnte es einfach nicht glauben, was sie da gerade gesagt hatte. Sie konnte sich wahrscheinlich nicht ansatzweise vorstellen, wie ich mich gerade fühlte. Und wie schon so oft in den vergangenen Wochen, stiegen mir wieder Tränen in die Augen. Ich verstand einfach nicht, warum sie mir nicht half. Ich warf ihr noch einen bösen Blick zu und rannte zurück in mein

Zimmer. Auf einmal zerbrach alles, was ich mir in den letzten Wochen erarbeitet hatte. Ich war schon so nah davor, meine Schwester und meinen Vater kennenzulernen und jetzt war ich wieder so weit davon entfernt. Ich legte mich auf mein Bett und auf einmal kamen Zweifel in mir auf. Ich fragte mich: Wieso hatte Amelie noch nicht nach mir gesucht? Wollte sie mich nicht kennen lernen? War es vielleicht doch besser, die Vergangenheit hinter sich zu lassen?

Ich entschloss mich dafür, in die Zukunft zu sehen und mein Leben so weiter zu leben, wie ich es tat, bevor ich von Amelie und meinem Vater erfahren hatte.

In den folgenden Wochen probierte ich, mich wieder mehr auf die Schule zu konzentrieren und schrieb auch wieder bessere Noten. Ich dachte zwar noch immer sehr häufig an sie, doch ich versuchte, sie zu vergessen.

»Wir sind zwei Hälften, die zusammengehören! Wir brauchen uns. In uns fließt das gleiche Blut und unsere Herzen schlagen in einem Rhythmus, auch wenn du so weit entfernt von mir bist, spüre ich deine Anwesenheit. Du bist der Lösung ganz nah!« Sie reichte mir ihre Hand und ich ergriff sie. Das Mädchen führte mich zu einem Haus.

Ich wachte schweißgebadet auf. Ich hatte wieder diesen Traum von Amelie und mir. Doch diesmal ging er länger. »Sollte das eine Aufforderung sein, weiter zu suchen?«, fragte ich mich. Ich nahm mir vor, nach Hannover zu fahren, ob meine Mutter wollte oder nicht. Ich würde es so oder so tun! »Niemand kann mich mehr davon abhalten!«, sagte ich entschlossen zu mir. Wenn meine Mutter mir nicht erlaubt, nach Hannover zu fahren, werde ich es tun, ohne dass sie davon wusste!

Die folgenden Tage schmiedeten Sophie und ich einen Plan, wie ich nach Hannover reisen könnte, ohne dass meine Mutter es mitbekam. Ich würde ihr erzählen, dass ich das Wochenende über bei Sophie bin. Und genau das erzählten wir ihr auch. So saß ich, dass darauffolgende Wochenende mit kribbelndem Bauch im Zug und überlegte mir schon mal, was ich zu meinem Vater und meiner Schwester sagen würde, wenn ich sie treffen sollte.

Als ich in Hannover eintraf, schlug ich erstmal meinen großen Stadtplan auf und suchte den Grünfelderweg. Nach einigen Minuten fand ich ihn dann auch und setzte mich in Bewegung. Doch trotz des Planes und meines Handys, musste ich zahlreiche Leute fragen. Nach einer Stunde fand ich letztlich die Straße und suchte die Hausnummer 81. Als ich vor dem gesuchten Haus stand, fingen meine Knie an zu zittern. Das Haus war sehr groß und das Gemäuer sah schon etwas älter aus. Ich atmete tief ein und bewegte mich langsam vor zu der Haustür. Ich drückte mit zitternden Händen auf den Klingelknopf. »Ich geh schon!«, rief eine Mädchenstimme. Ich hielt die Luft an. Die Haustür öffnete sich und ein Mädchen öffnete die Tür. Es war Amelie, die mich freundlich anlächelte. Doch auf einmal änderte sich ihr Gesichtsausdruck und sie starrte mich geschockt an. Sie musterte mich von oben bis unten und ihr Gesicht wurde ganz blass.

Ich lächelte sie zaghaft an. »Hi«, flüsterte ich schüchtern. »Ich bin Emilia«, fuhr ich unsicher fort.

»Hi«, antwortete sie, immer noch schockiert.

»Wer ist denn da, Amelie?«, rief eine Männerstimme.

Doch Amelie antwortete nicht. Sie starrte mich immer noch mit aufgerissenen Augen an. Der Mann kam an die Tür und wie es nicht anders zu erwarten war, war es mein Vater. Als er mich entdeckte, blieb er abrupt stehen und starrte mich ebenfalls schockiert an. Aber er fing sich schnell wieder und sagte verunsichert: »Hallo Emilia, wie geht es dir?« Ich merkte, dass er sich nicht wohl fühlte und wahrscheinlich wäre es im auch lieber, er würde sich nicht in dieser Situation befinden. Doch das tat er nun mal, und das konnte er jetzt auch nicht mehr verändern.

»Gut, danke«, antwortete ich mit rauer Stimme. Ich schaute Amelie an und hätte sie am liebsten einfach in den Arm genommen, doch das traute ich mich nicht. So stand ich immer noch vor der Tür, bis mein Vater mich fragte: »Möchtest du reinkommen?«

Ich nickte und trat in das alte Haus ein. Mein Vater machte drei Kakaos und in der Zwischenzeit fingen Amelie und ich uns zu unterhalten. »Ich kann es nicht glauben. Heute Morgen ging ich noch ganz normal zur Schule und jetzt steht auf einmal meine Zwillingsschwester vor unserer Haustür«, sagte Amelie nachdenklich.

»Woher wusstest du eigentlich, dass es mich gibt?«, fragte ich sie verwundert.

»Naja, es gibt so ein Foto, welches ich vor kurzem gefunden hatte. Außerdem hatte ich immer solche Träume, in denen du vor mir stehst und mir deine Hand reichst«, antwortete sie mir.

»Du hattest auch diese Träume?«, fragte ich sie überrascht.

»Ja, in letzter Zeit träumte ich ständig von dir. Und ich nahm mir vor, dich zu suchen, doch ich fand keine Hinweise«, erzählte Amelie weiter. Auf einmal klingelte mein Handy. Ich schaute aufs Display und erschrak. Es war meine Mutter, wie ich mit Schrecken feststellte. Ich ging dran und musste erst mal meine Mutter anhören, welche schimpfend auf mich einredete. Sie hatte herausgefunden, dass ich nicht bei Sophie war und konnte sich dann sofort denken, wo ich mich wirklich befand. Sie sagte mir, dass sie jetzt zu mir reisen wird und mich wieder mit nach Hause nehmen würde. Ich wollte gerade protestieren, doch da legte meine Mutter auch schon auf. Meine Schwester hatte mitgehört und wurde kreideblass. Ich nahm sie in den Arm, da ich genau wusste, wie sie sich fühlte. Ihre Mutter wollte sie nicht kennenlernen und ihre andere Tochter von ihr fernhalten. Es fühlte sich gut an, sie in den Armen zu halten. So als würde ich endlich wieder vollständig sein. So als würde der fehlende Teil von mir endlich da sein. Und ich glaubte, dass Amelie auch so empfand. Egal was noch passieren würde. Nichts und Niemand konnte uns mehr auseinanderbringen. Wir hatten uns nach so langer Zeit gefunden und würden uns nicht noch einmal trennen lassen.

Doch in diesem Moment wusste ich nicht, was noch alles auf mich zukommen würde. ich hatte für einen kurzen Augenblick vergessen, dass sich meine Eltern nicht mehr verstehen.

Amélie Mey Fox

Der Junge im Licht

Der Wachmann saß schläfrig in dem durchgesessenen Drehstuhl. In der Hand hielt er eine etwas schmierige Tasse, aus der er hin und wieder einen Schluck nahm. Dies hatte zur Folge, dass sein völlig verdrecktes, weißes Hemd um ein paar am Bart heruntergelaufene Tropfen reicher wurde. Lustlos blickte er auf die Monitore, die zittrig und unscharf die Liveübertragung der National Football League zeigten. Da der Moderator gerade eine kurze Pause ankündigte, beugte der Wachmann sich vor, was, vom Ächzen des Stuhls unterstrichen, wie Schwerstarbeit aussah.

»Zaun. Zaun. Zaun. Zaun«, murmelte der Wachmann, während er die Videoübertragung des Grenzzauns begutachtete. Als sein recht langsames Hirn verstanden hatte, dass es auf den Monitoren nichts Besonderes zu sehen gab, beugte er sich unter lautem Protest des Stuhls wieder vor und schaltete zurück zum Spiel der NFL.

Der Moderator brüllte mit monotoner und immer lauter werdender Stimme in sein Mikrofon, als wollte er bis nach Manhattan schreien. Den Wachmann schien dies nicht sonderlich zu stören, denn nach einigen Minuten war von ihm nur noch ein lautes Aufgrunzen zu vernehmen und er sackte in sich zusammen.

Friedlich schnarchend lag er da und bemerkte so den Jungen nicht, der am Grenzzaun stand. Die kleinen Finger hatte er in den kalten, silbernen Draht gekrallt, hinter dem gerade still und leise der Sonnenuntergang einsetzte.

Er stand einfach nur da und blickte in eine weite, unergründliche Ferne. Die grünen Augen des Jungen waren voller Weisheit und die dunkle Haut dreckverkrustet. Niemand, nicht mal er selbst, hätte sagen können, wie lange er dort so reglos stand, doch plötzlich passierte etwas. Eine helle Lichtsäule trat aus dem Scheitel des Jungen hervor und schoss direkt in den Himmel hinauf. Dort zerfloss das Licht in alle Himmelsrichtungen und rieselte in kleinen, goldenen Lichtfünkchen auf die Erde herab. Zunächst geschah nichts, doch dann veränderte sich etwas. Die verdorrte, gelbliche Graslandfläche, die sich am Grenzzaun entlang zog, schien etwas satter und grüner als vorher.

Der Junge stand immer noch da und blickte in die Ferne. Über sein Gesicht huschte kaum merklich ein Lächeln.

Seine Finger waren immer noch in die engen Maschen verkrallt. Plötzlich löste er seinen Griff und breitete die Arme aus. Kurze Zeit geschah nichts, aber nach einigen Minuten fiel das Stück des Zauns, das er mit seinen Armen erreichen konnte, in sich zusammen. Ohne ein Geräusch zu machen, sackte es zu Boden und bildete eine metallen-glänzende Pfütze.

Den Jungen schien diese Formveränderung eines recht stabilen Gegenstands nicht im Mindesten zu überraschen. So tat er einen beherzten Schritt und war auf der anderen Seite des Grenzzaunes.

Doch bereits wenige Meter dahinter blieb er wieder stehen und wandte sich um. Die weite, verdorrte Grasfläche und der Zaun mit dem Loch lagen hinter ihm. Er spazierte in den Sonnenuntergang hinein. Hinter ihm schloss sich geräuschlos das Loch im Grenzzaun.

Grunzend erwachte der Wachmann in seinem Drehstuhl. Er besah sich die Monitore, auf denen nun irgendeine Werbung für Staubsaugerbeutel in Dauerschleife lief. Er zappte zurück zur Kameraaufnahme, doch es war immer noch nichts Außergewöhnliches zu sehen. So schaltete er die Bildschirme aus und schnarchte weiter, ohne zu ahnen, dass etwas Magisches vor sich gegangen sein könnte.

Jana Jochim

Mein Traum

Krieg, Armut, Angst und dieses unerträgliche Grau.

Der Himmel, die Straßen und dieses schreckliche Gefühl in meiner Seele. So müssen sich Vögel fühlen, die in einem Käfig eingesperrt sind. Jeden Tag dasselbe, ich schaue aus meinem Fenster und erblicke die Mauer vor meiner Haustür, die bis in die Unendlichkeit zu führen scheint, und wenn ich rausgehe, wird alles nur noch schlimmer. Die zerbombten Häuser, die armen und kranken Menschen auf der Straße, die weinenden Babys und das Geschrei von denen, dessen Haus gerade einstürzt. Doch es gibt noch Häuser, wenige Häuser mit höchstens zwei, drei bewohnbaren Räumen. So wie bei mir, Joline. Ich lebe hier in diesem Haus mit all meinen Verwandten und auch mit ein paar ehemaligen Nachbarn. Schon siebzehn Jahre lang habe ich das alles ausgehalten und habe immer überall geholfen, wo ich nur konnte.

Meinen Traum Schauspielerin zu werden, habe ich schon, seitdem ich klein bin. Denn ich mochte es schon immer, in andere Rollen zu schlüpfen und die verschiedensten Emotionen zu zeigen. Doch meinen Traum werde ich hier in Equilia nie erfüllen können, denn hier gibt es weit und breit keine Schauspielschule, nirgendwo. Wie denn auch, es gibt ja noch nicht mal eine richtige Schule. Deshalb hat mein Vater mir beigebracht, wie man eine Bewerbung schreibt, und mein Opa hat mich gelehrt, angemessen zu sprechen und zu schreiben. Ich wäre bereit nach Dramatika zu ziehen und dort zu schauspielern, wenn es nur nicht diese blöde Mauer zwischen den beiden Ländern gäbe. Aber der Plan steht schon fest und es ist schon fast alles vorbereitet. Nun muss ich nur noch abwarten, eine ganze Nacht, denn ab morgen bin ich endlich achtzehn Jahre alt und darf offiziell arbeiten und studieren.

Plötzlich kommt meine Mutter zu mir, nimmt mich in den Arm und sagt bedrückt: »Ach, meine Süße, wie groß du schon geworden bist. Ich wüsste nicht, was ich ohne dich die ganze Zeit gemacht hätte. Ich werde dich sehr vermissen, aber ich weiß, dass du dort glücklicher sein wirst.« Ich merke, wie Tränen mir die Wange herunterlaufen und ich beim leisen Schluchzen das salzige Wasser in meinem Mund schmecke. Jetzt erst realisiere ich, dass ich meine Familie eine lange Zeit oder womöglich auch nie wieder sehen werde und dass dies mein traurigster Geburtstag werden wird.

Am nächsten Tag

Der Abschied ist echt schwer und es fließen nicht wenig Tränen. Mein Rucksack ist mit allem gepackt, was ich brauchen werde. Wir befinden uns in unserem unterirdischen Keller, der eigentlich ein Schutzbunker ist, und meine Familie ist um mich herum versammelt, damit wir den Plan genau besprechen. Im Keller befinden sich Rohrleitungen, welche früher einmal für die Kanalisation benutzt worden sind. Das vermutet jedenfalls mein Vater. Sie sind ziemlich eng und teilweise verrostet. Plötzlich bin ich mir gar nicht mehr sicher, ob ich überhaupt gehen soll. Wer soll denn dann den kleinen Kindern Geschichten über skrupellose Piraten, gruselige Hexen, mutige Prinzessinnen und winzige Trolle erzählen? Wer wird allen Leuten helfen und ihnen Mut machen? Obwohl ich gerade selber nicht so viel Mut habe, wenn ich ehrlich bin. All diese Gedanken gehen mir durch den Kopf, das scheint auch mein Opa zu merken. Er sagt zu mir: »Alles wird gut, du schaffst das schon!« »Danke Opi!«, sage ich und umarme ihn noch ein letztes Mal. Nun klettere ich in das dunkle Rohr, mit einem mulmigen Gefühl im Bauch. Ich krabbele auf allen vieren und merke, wie auf einmal Steine hinter mir einstürzen und mir die Sicht auf meine Familie nehmen. Es gibt kein

Zurück mehr! Jetzt gibt es nur noch einen Weg nach draußen. Nämlich geradeaus. Ich krabbele weiter und immer weiter, bis ich Licht sehe und alle Zweifel vergehen. Ich sehe das Licht, den Ausweg und die neue Welt, in die Freiheit und in meinen Traum!

Emmy Köbnick

Die Grenze

Ich ließ mich auf einer Düne nieder und atmete erstmal tief durch. Ich spürte, wie der Wind durch meine langen schwarzen Haare strich, wie er den salzigen Geruch des Meeres zu mir hinüber trieb. Ich nahm meinen mit Büchern, einem Block und Stiften vollgestopften braunen Rucksack ab und zog mir meine Jacke aus. Beides legte ich neben mich und blickte über die Landschaft, sah auf der einen Seite die großen grünen Dünen, die über und über mit den unterschiedlichsten Moosen bewachsen waren, und auf der anderen Seite den wilden Ozean.

So saß ich da und wartete, wartete, wartete. Worauf, wusste ich nicht, vielleicht darauf, dass es regnete, obwohl ich nicht wusste ob es *Hier* überhaupt regnen konnte. Vielleicht wartete ich auf einen bestimmten Gedanken, eine neue Idee? Ich wusste es nicht. Es vergingen bestimmt zwanzig Minuten, obwohl man das *Hier* nie genau sagen konnte, bevor ich mich erhob und zum Wasser hinunter ging.

Die Wellen brachen sich regelmäßig und erzeugten ein entspannendes Rauschen. In dem Moment fühlte ich mich hier zu Hause. Plötzlich spürte ich einen Stich im Herzen, als ob jemand ein Schwert hineingebohrt hätte. Zu Hause. Wo war das? Ich wusste es nicht. Für manche war es klar. Es ein Ort, es waren Personen oder persönliche Dinge, die einen »zu Hause« fühlen ließen. Für mich gab es nichts dergleichen. Nicht mehr.

Ich seufzte, das Gefühl hatte sich verflüchtigt. Während ich mir meine Schuhe und Socken von den Füßen streifte, um das salzige Wasser an meinen Füßen spüren zu können, fragte ich mich immer wieder, wie ich es hatte tun können. Und wie immer flüsterten bei diesem Gedanken Stimmen auf mich ein. Die leiseste flüsterte, dass ich nichts für meine Situation konnte. Eine andere, die lauteste, flüsterte mir Schuldgefühle ein, alles wäre meine Schuld gewesen, ich hätte alle im Stich gelassen. Die dritte Stimme flüsterte, dass das hier nur ein Traum sei. Das wäre wohl die vernünftigste Erklärung. Ich wäre einfach über dem Buch eingeschlafen, das ich gerade in der alten Bücherei um die Ecke gelesen hatte. Doch tief in meinem Innersten wusste ich, dass das nicht stimmen konnte. Ich war einfach schon viel zu lange *Hier*. Vielleicht sogar schon Jahre. *Hier* gab es keine Zeit, ich alterte nicht. Mit ein bisschen Glück war ich *Dort* sogar schon 18.

Ich zog, ohne auch nur einen weiteren Gedanken daran zu verschwenden, die Socken und Schuhe über meine nassen Füße. Dann kletterte ich die Düne wieder herauf, öffnete die Lederschnallen meines Rucksacks, holte den Block und einen Bleistift heraus.

Langsam setzte ich den Stift auf das Papier, hielt kurz inne, bis sich eine Idee in meinem Kopf formte. Eine neue Welt. Schnell schrieb ich, bis meine kleinen, sauberen Buchstaben Seite um Seite bedeckten. Ich schrieb, schrieb, schrieb. Erst als mich etwas blendete, sah ich auf. Es war die Sonne. Unter mir befand sich von der Sonne angewärmter Sand, der in den unterschiedlichsten Farben schillerte. Es hatte geklappt. Ich steckte den Block und den nun stumpfen Bleistift wieder weg, während die Sonne auf meiner Haut brannte. Erst dann erhob ich mich und blickte mich um. Links von mir befand sich ein dunkelblau glänzender Fluss, der einen Kontrast zu dem hellen Sand herstellte. Rechts von mir stand ein kleines Haus aus braunem Holz mit einem roten flachen Dach. Ich ging rasch darauf zu und betrat es.

Sofort kam mir ein Schwall kalter Luft entgegen, den ich dankend begrüßte. Ich hasste Hitze. Schnell schloss ich die Tür mit einem leisen Klicken hinter mir und ging vorsichtig durch das Haus. Den

Flur entlang, dessen Boden mit Glas ausgelegt war, sodass man den bunten Sand darunter sehen konnte. Dann bog ich rechts ab und stand in der Küche. Genauso wie ich es geschrieben hatte. Ich nahm mir eine Art Pfirsich und biss hinein. Der süße, leicht säuerliche Geschmack breitete sich in meinem Mund aus und ich aß ihn genüsslich auf, stopfte noch vier in meinen schon sehr vollen Rucksack, bevor ich mich von der Küche aus ins Schlafzimmer begab. Ich legte meinen Rucksack auf den Stuhl, zog meine Schuhe aus und ließ mich selbst in das weiche Bett fallen. Sofort war ich eingeschlafen.

Ich träumte, und es war gleichzeitig mein schönster Traum und mein schlimmster Albtraum. Ich träumte von dem, was ich vor langer Zeit einmal mein Zuhause genannt hatte.

Bevor ich so unglaublich leichtsinnig gewesen war.

Bevor ich nicht auf meine innere Stimme gehört hatte, die sagte, dass ich aufhören sollte, bevor es zu spät wäre.

Bevor ich die Grenze überschritten hatte. Die Grenze zwischen Realität und Fantasie.

Jan Felix Kück

J oder I

Kapitel 1: Fünf Scharfschützen streiten sich

Björn hatte ein Problem. Kürzlich hatte er noch bei der Arbeit gesessen und war nun auf dem Weg nach Hause. Auf dem gesamten Weg hatte er die ganze Zeit die leise Vorahnung, dass etwas nicht stimmte.

Aber was?

Gerade, als er um die Ecke in Richtung des Flusses bog, entdeckte er etwas. Irgendetwas auf einem Hochhaus reflektierte das Licht. Als er sich genauer umsah, erblickte er noch vier weitere Reflektionen. Er analysierte die Lage.

»Also... fünf reflektierende Flächen, die alle in meine Richtung ausgerichtet sind. Was könnte das sein?«, dachte er.

Plötzlich ertönte ein Schuss. Er spürte einen Luftzug. Danach prallte etwas an der Wand hinter ihm ab. Irgendjemand fluchte in der Dunkelheit: »Sch***e! Gerhart, warum hast du nicht getroffen?«

Jemand anderes fing plötzlich an zu weinen: »Es tut mir leid, Chef! Ich war so nervös!«

Wieder hörte man jemand anderen: »Pscht... seid leise!«

»Sei doch selber leise, Franz!«, rief ein anderer so laut, dass es wahrscheinlich noch 20 Häuser weiter zu hören war.

Der, der »Chef« genannt wurde, sagte mit befehlender Stimme: »Konzentriert euch auf das Ziel!«

»Jawohl, Chef!«, hörte Björn die Anderen rufen. Er hörte ein Nachlade-Geräusch. Genauer gesagt hörte er fünf. Ihm schossen Tausende Bilder seines Lebens durch den Kopf. Verzweifelt sah er sich um. Er wollte fliehen, doch er war vor Schreck wie gelähmt. Er konnte sich nicht bewegen. Er konnte nur noch auf seinen sicheren Tod warten.

Was hätte er sonst tun können? Aus allen Richtungen hörte er, wie langsam abgedrückt wurde.

Dann ertönten fünf Schüsse.

»So fühlt es sich also an zu sterben«, dachte er am Boden liegend, von fünf Kugeln durchlöchert. Er hob seine Hand in die Luft. Sie war blutüberströmt. Sein Blick wurde immer verschwommener. Und dann...

war er tot.

Kapitel 2: Der alte Mann und Flugenergie

Björn war tot. Er war wirklich tot. »Ich bin doch tot, oder?«, dachte der tote Björn.

Aber Moment! Warum konnte Björn denn denken?

Er öffnete seine Augen. Er schwebte. Er blickte nach unten und sah sich selbst. Von fünf Kugeln durchlöchert. Er erschrak. »Warum schwebe ich über meiner Leiche?«

Er drehte sich um. Hinter ihm saß ein alter Mann, der den Boden anstarrte. Björn näherte sich ihm. Als er auf etwa zwei Meter herangekommen war, blickte der Mann auf. »Björn!«, sagte dieser mit ehrfurchtgebietender Stimme. »Ich bin der alte Mann. Mein Name ist Allta Maan. Du hast bestimmt viele Fragen. Von diesen Fragen darfst du mir nun drei stellen. Also... frage!«

»Warum denn nur drei?«, fragte Björn.

Der alte Mann antwortete: »Weil dies im *Gesetz der Einweiser*, kurz *GesdE*, so geschrieben steht. Nächste Frage!«

»Das zählt auch als Frage?«, fragte Björn verdutzt.

»Ja«, antwortete Allta Maan. »Letzte Frage!«

Björn seufzte. Er hatte eigentlich vorgehabt drei Fragen zu stellen, aber das war ihm nun nicht mehr vergönnt. Er beschloss die wichtigste aller Fragen, die ihm jetzt gerade durch den Kopf schossen, zu stellen: »Was mache ich hier?«

Der Alte blickte Björn nun noch schärfer an und antwortete nach einiger Zeit: »Dein Geist hat sich von deinem Körper gelöst, als du von DER ORGANISATION getötet wurdest. Er ist allerdings nicht direkt ins Jenseits geflogen, sondern ist in der jetzigen Welt steckengeblieben. Dies geschieht nur unter bestimmten Bedingungen:

1. Person muss um Ecke kommen und bemerken, dass etwas nicht stimmt.

2. Person muss Reflektierungen von Scharfschützengewehren sehen.

3. Scharschütze muss ein Mal verfehlen.

4. Scharfschützen müssen streiten.

5. Person muss von fünf Kugeln durchlöchert werden.

Und da dies alles eingetroffen ist, bist du nun nicht im Jenseits, sondern immer noch hier. Man könnte sogar denken, dass dies von DER ORGANISATION geplant war. Du solltest also vorsichtig sein. Viel Glück! さよなら[1]!«

Verdutzt blickte Björn auf die Stelle, wo der Mann gesessen hatte. Beleidigt, einfach so zurückgelassen worden zu sein, trat er gegen die Laterne. Zu seinem Erstaunen flog sein Bein nicht hindurch. Schmerz... Nun hatte er einen gebrochenen Zeh. Während er sich seinen schmerzenden Fuß hielt, fragte er sich, warum denn sein Bein nicht hindurchgeflogen war. Doch dafür hatte er nicht mehr so viel Zeit. Vor seinen Augen blinkte eine Anzeige auf:

!!FLUGERNERGIE AUFGEBRAUCHT!!

Kapitel 3: Björns Privatleben und eine Frauenstimme

Björn fiel. »Was ist denn Flugenergie?«, dachte er, während er schreiend auf dem harten Boden aufschlug. Björn fiel sehr oft.

---

[1] Jap. für »Lebe wohl« (Sayonara)

Schon sein ganzes Leben. Immer schlug er irgendwo auf dem Boden auf. In der Schule wurde er deswegen auch *Fallbjörn* genannt. Björn fand, dass die Leute, die sich diesen Namen ausgedacht hatten, nicht sonderlich viel Fantasie hatten. Mit diesem Namen konnte er eigentlich immer leben. Arbeiten tat er bei *Elektrodieselmotor-Versicherungen »Mein Mitbewohner«*. Dort arbeitete er nun schon seit fünf Jahren. Björn war zur Zeit seines Todes neunundzwanzig Jahre alt (Geb.: 7. Aug.). Wenn er mal nicht bei der Arbeit war, vertrieb er sich gerne seine Zeit mit Lesen oder Anime schauen. Viele Freunde hatte er nicht. Die Einzigen, die er hatte waren Bernd, Jochen, Christian und Julian. Ein sonderbarer Freund war Volker, der behauptete, die Signale zu hören. Aber das hat alles nichts mit der eigentlichen Geschichte zu tun, also geht es jetzt weiter, ohne dass der Autor weiter auf Björns Privatleben eingeht.

Björns Kopf dröhnte. Er hatte sich ziemlich heftig den Kopf gestoßen. »Zum Glück habe ich noch Kopfschmerztabletten dabei...«, dachte er und griff in seine Jackentasche. Gerade als er eine Tablette aus der Verpackung drücken wollte, bemerkte er, dass er keine Schmerzen mehr hatte. Auch sein Zeh tat nicht mehr weh. Er setzte sich auf und blickte sich um. Er saß unter der Straßenlaterne. »Könnte es sein, dass ich jetzt irgendwelche Selbstheilungsfähigkeiten habe?«, fragte sich Björn. Er schaute sich nach den Scharfschützen um. Gerade als er das tat, änderte sich sein Blickfeld. Er erschrak. Eine Frauenstimme sagte ihm: »Suchbegriff sagen!«

Björn fragte sich, was wohl mit Suchbegriff gemeint war. Dann kam ihm der Geistesblitz, dass sein Körper anscheinend neue Funktionen erhalten hatte. Diese Funktion war wahrscheinlich dazu da, irgendwelche Gegenstände zu finden. Damit konnte Björn leben. Es war zwar ein wenig beängstigend, aber praktisch. »Ich suche Scharfschützen«, sagte Björn zu der Stimme, wo auch immer sie herkam.

»Ich bin mir nicht sicher, ob ich das richtig verstanden habe. Bitte antworte nicht in ganzen Sätzen«, antwortete die Frauenstimme.

Björn seufzte: »Also gibt es hier auch diese Probleme... SCHARF-SCHÜTZEN!!!«, brüllte er.

»Bitte schrei nicht so«, wies ihn die Stimme zurecht.

Björn mochte noch nie vom Computer gesteuerte Stimmen, aber so eine Gemeinheit hatte er noch nie erlebt. »Scharfschützen«, sagte er mit möglichst freundlicher Stimme, kurz vor dem Nervenzusammenbruch. Nun änderte sich sein Blickfeld wieder. In eine leicht rötliche Richtung. Als er sich umblickte, entdeckte er fünf grüne Stellen in Menschenform.

Die Scharfschützen waren immer noch da!

Kapitel 4: Ein neuer Name und neue Funktionen

Die Scharfschützen waren noch da. Die große Frage war nun, ob sie Björn überhaupt sehen konnten. Aber er war zu neugierig und so näherte er sich dem Hochhaus, auf dem sich nun alle Fünf versammelt hatten. Die Tür war aufgebrochen. Vermutlich von seinen Feinden. In hohen Häusern gibt es ja bekanntlich viele Gänge. Das war auch hier der Fall. »Hey, Frauenstimme! Hast du auch irgendein Navigationssystem für mich?«, fragte Björn. »Ich heiße nicht Frauenstimme. Ich heiße riSi. Wenn du damit nicht einverstanden bist, sage nun ›Neuer Name‹«

»Neuer Name!«, befahl Björn, der eigentlich nur ein Navi haben wollte. Aber mit so einem Namen konnte er nicht arbeiten.

»Wie lautet mein neuer Name?«, fragte riSi.

Björn überlegte. Er ging alle möglichen Animes durch, bis er auf einen einigermaßen akzeptablen Namen für eine KI (oder ähnliches) kam.»Lacia«, sagte er.

»Okay! Mein neuer Name wird Lacia sein«, antwortete die nun Lacia Heißende.

»Also Lacia, hast du nun ein Navi oder nicht?«, fragte Björn.

»Soll ich das Navigationssystem aufrufen?«

»Ja!«, sagte Björn und freute sich gleichzeitig über seinen neuen Körper.

»Navigation wird gestartet... bitte Zielort auswählen...«

»Scharfschützen!«, befahl Björn. Er wusste nicht, was er damit angestellt hatte.

»Hier sind alle Scharfschützen im Umkreis von fünfhundert Kilometern.« Vor seinen Augen blinkten sehr, sehr viele rote Punkte auf.

»Argh!«, schrie Björn hysterisch. »Die fünf Ausgewählten!«

»Okay, Zielführung wird gestartet«, sagte Lacia. Das war das, was er hören wollte. »Dem Straßenverlauf für fünfzig Meter folgen.«

»Sag mal, Lacia«, sagte Björn, der versuchte, etwas mehr über seine jetzige Form herauszufinden, »wer oder was bist du eigentlich?«

»Ich bin das intelligente Hilfssystem für zurückgebliebene Tote, Version 1.19.251«, antwortete Lacia wie aus der Pistole geschossen (wie von einer KI (ja, nun ist sie eine KI) zu erwarten).

»Und was kann ich mit meinem neuen Körper noch alles anstellen?«

»Jetzt rechts abbiegen und der Treppe bis ganz nach oben folgen. Bereits entdeckte Funktionen: Flugfunktion (benötigt Flugenergie), Suchfunktion, Namensänderungsfunktion, Navigationsfunktion. Außerdem heilen alle deine Wunden nach einer gewissen Zeit von selbst. Alle weiteren Funktionen musst du selbst herausfinden.«

»Warum?«, fragte Björn irritiert.

»Weil das im Gesetz der intelligenten Hilfssysteme für zurückgebliebene Tote, kurz GesdiHfzT, steht.«

»Ihr habt wohl für alles Gesetze...«

»Ja«, antwortete Lacia, »insgesamt 4357. Soll ich alle aufzählen?«

»Nein!«

»Verstanden!«

Björn befand sich zu seinem Erstaunen nun in der zehnten Etage. »Wie viele Etagen hat dieses Haus?«, fragte Björn Lacia. »Zu diesem Gebäude gibt es einen Wikipedia-Eintrag. Soll ich ihn aufrufen?«, fragte Lacia. »Ja!« Vor seinen Augen erschien die Seite Wikipedia. Anscheinend hieß das Haus *Bruchgefahr! Nicht werfen!* Ein genau so dummer Name wie *Fallbjörn.* Es hatte zwölf Etagen. Dort, in der zwölften Etage, stand er kurz darauf vor einer abgeschlossenen Tür. »Gibt es eine Funktion, um durch Türen zu schweben?«, fragte Björn. »Ja«, antwortete Lacia, »die Dematerialisierungsfunktion. Du würdest aber bis zum Erdkern fallen, wenn du sie nicht vorher abschaltest.« »Kann ich nicht einfach fliegen?« »Ja, das ginge. Fünfundzwanzig Prozent Flugenergie geladen«, bestätigte Lacia. »Also gut«, sagte Björn entschlossen, »Flugfunktion aktivieren! Dematerialisierungsfunktion aktivieren!« Er fing an zu schweben. Langsam näherte er sich der Tür. Gerade als er drohte, dagegen zu stoßen, glitt er ins Freie. »Alle Funktionen deaktivieren«, befahl Björn, froh darüber, kein Nasenbluten bekommen zu haben. Ungeschickt landete er auf dem Boden und entdeckte ein paar Meter weiter fünf Leute mit Scharfschützengewehren. Er näherte sich ihnen. Anscheinend konnten sie ihn wirklich nicht sehen. Plötzlich fiel ihm ein Mann von den Fünf ins Auge.

Es war sein stinkender Chef Gerhart.

Kapitel 5: Björn und ein Missverständnis

Dass Björn mal von seinem Chef getötet werden würde, hätte er nicht erwartet. Hatte er etwa nicht gut gearbeitet? Nein! Das war es wohl nicht. Er hatte seine Arbeit immer zu vollster Zufriedenheit erledigt.[2] Immer noch schockiert von der Tatsache schlich er sich noch näher heran. Die Scharfschützen konnte er aber nicht verstehen. »Sag mal Lacia«, fragte Björn, »gibt es eine Abhörfunktion?«

»Sie können dich doch nicht sehen.«

»Stimmt!«, sagte Björn, verwirrt von seiner eigenen Dummheit.

»Aber trotzdem: gibt es eine?«

»Es gibt die Bewusstseinskontrollierfunktion. Sie jetzt einzusetzen ist allerdings nicht so klug, da du dann die betroffene Person steuern würdest. Und da du nicht weißt, was diese Leute vorher besprochen haben, würde ich davon abraten. Ein guter Plan wäre sich einfach daneben zu stellen.« Ein Plan, den Björn eigentlich auch selbst hätte erfinden können. Wenigstens hatte er nun eine neue Funktion.

Langsam schlich[3] er in Richtung seiner Feinde. Nun konnte er verstehen, was sie sagten. »Wollen wir jetzt den Boss anrufen?«, fragte einer.

»Na gut«, antwortete ein anderer und zog ein Handy aus seiner Tasche. Er wählte eine Nummer. »*Duuuut...Duuuut...Knack*... Bitte haben Sie einen Augenblick Geduld. Sie werden nun verbunden...«, hörte man aus dem Lautsprecher, der auf *laut* gestellt wurde.

»Hallo?«, schallte eine tiefe Männerstimme heraus.

»Hier ist Scharfschützenteam eins! Zielperson Björn erfolgreich ausgeschaltet!«

Björn schluckte. Auf ihn wurde wohl wirklich ein gezielter Anschlag verübt.

»Moment«, hörte man wieder, »wegen Ihrer Betonung von Biörn habe ich eine Frage: Haben Sie Biörn oder Björn ausgeschaltet.«

»Ich verstehe den Unterschied nicht ganz, Boss.«

---

[2] Später stellte sich heraus, dass Björns Chef Gerhart nebenbei auch bei DER ORGANISATION arbeitete.
[3] Warum, wenn sie ihn sowieso nicht sehen können?

»Naja, meine Frage ist, ob sie den Biörn mit *i* oder mit *j* getötet haben.«

»Mit *j*, Boss!«, antwortete der Scharfschütze am Handy.

Der Boss fing an zu stöhnen.

»Was ist los, Boss?«

Das Stöhnen ging in ein wütendes Schreien über: »IHR SOLLTET DEN BIÖRN MIT *I* TÖTEN, IHR INKOMPETENTEN %(=%@*'#+/´!!!!«

»Oh...« Das war die einzige Antwort darauf.

»Ja. Oh. Belebt den Typen sofort wieder! Euer Gehalt wurde soeben gekürzt!«

»Jawohl!«, riefen die Männer eingeschüchtert und legten auf.

Björns Wut auf seine inkompetenten Mörder verschwand wieder.

»Seit wann kann man erschossene Menschen wiederbeleben?«, fragte er sich.

»So etwas kann nur DIE ORGANISATION«, kam die Antwort auf seine Frage. Lacia konnte anscheinend auch Gedanken lesen. Scharfschützenteam eins marschierte nach unten zu Björns Leiche. Sie holten ein merkwürdig aussehendes Gerät heraus und hielten es über ihn. Es leuchtete. Björn konnte zusehen, wie sich die Wunden schlossen.

»Also Lacia, hat Spaß mit dir gemacht!«, sagte er.

»Danke! Bitte bewerte mich jetzt.«

»Volle Punktzahl«, seufzte Björn, der auf weitere Fragen verzichten wollte. »Tschüss!«

Björn wurde langsam durchsichtig. Die Männer hatten wohl gute Arbeit geleistet. Und dann...

war er verschwunden.

Robert von Lewinski

Leben und Tod

Ein Mann,
alt und zerbrechlich.

Er hat nicht viel,
keine Familie,
kein Geld
und kaum Kleidung.

Eines Abends,
da geht er eine Straße entlang.

Vor ihm,
da ist ein Tunnel,
lang und dunkel.

Der Mann schreitet hinein,
dort ist es kalt,
dort ist es eng
und dort ist der Mann ganz allein.

Doch da,
ganz am Ende des Tunnels,
da ist ein Licht.

Der Mann,
er sieht das Licht
und er geht darauf zu.

Nun ist er fast da,
das Licht ist hell und schön.

Das Licht,
es kommt aus einer Tür.

Es ist eine Tür in ein neues Leben.

Und der alte,

alte Mann,
er geht durch diese Tür.

Er fällt auf die Knie,
vor Ehrfurcht,
vor dem, was er sieht.

In diesem Land voller Schönheit,
dort ist der Mann wie neugeboren.

Ja, vielleicht ist er das ja auch...

Neele Obst

Verschwiegene Grenze

Ich stehe in einem Feld aus goldenen Weizenhalmen. Die blutrote Sonne verschwindet schon fast hinter dem Horizont. Die letzten tapferen Strahlen tauchen die Welt in ein sanftes Licht. Eine Feldmaus huscht hastig an mir vorbei, als wäre sie auf der Flucht. Ja, auf der Flucht bin ich auch. Auf der Flucht vor dem Alltag und dem Bild des perfekten Menschen, in das ich hineingezerrt werde. Dabei zieht das Leben einfach an mir vorbei und ich stehe tatenlos daneben. Doch ich versuche, die Hülle meines alten Ichs abzuschütteln und mit der Hülle meine Sorgen, Ängste und Einschränkungen.

Ein Bächlein fließt am Rande des Feldes entlang. Mich vorwärtstastend gehe ich zu ihm. Das Wasser ist klar und ich kann am Grund kleine Bachkrebse erkennen. Während ich mir die Schuhe abstreife, lasse ich nochmal die Stille auf mich wirken. Ich höre zwar noch das Plätschern des Baches und das Rauschen der Weizenhalme im Wind, doch trotzdem ist es die sanfteste Stille, die ich je erlebt habe. Mit einem Fuß trete ich ins Wasser. Kalt fließt es an meinen Beinen vorbei. Und ich weiß, wenn ich wieder nach Hause fahre, wird mein Leben wie der Bach an mir vorbeifließen, während ich orientierungslos in ihm stehe.

Veronika Pfeifer

Grenzen sind grenzenlos

Meryem
Prolog

Feuer… Überall… Ein Haus steht in Flammen.

Mein Haus.

Und in dem Haus bin ich. Alleine. Die Anderen sind alle weg. Mehmet, Mutter, Vater, alle sind in Schrecken rausgerannt, als sich der stickige Geruch von Rauch und Feuer in unserem Haus ausbreitete. Der Geruch von Unglück…

Kapitel 1

Als meine Mutter kreischend meinen Namen rief, erschrocken in mein Zimmer stolperte und mich aus dem Schlaf riss, sah ich es in ihren vor Entsetzen geweiteten Augen glitzern. Sie schlug ihre Arme um mich und für einen kurzen Moment spürte ich ihren erleichterten Atem. Ohne mir etwas zu erklären, zog sie mich aus meinem Zimmer und es dauerte nicht lange, bis ich verstand, wie es ist, wenn in Büchern steht, dass einem das Blut in den Adern gefriert.

Sofort traf mich ein Schlag. Rauch stieg mir in die Lunge, an dem ich fast erstickte. Ich hielt mir eine Hand vor den Mund, um die reizende Luft nicht einzuatmen, und versuchte mit wedelnden Handbewegungen den Nebel vor mir wie eine nervige Fliege wegzuscheuchen, um klare Sicht zu bekommen.

Aber es half nicht.

Hustend stolperten meine Mutter und ich die knarzende Holztreppe herunter in unsere Küche. Im Nebel, der wie ein grauer Schleier oder eine Gewitterwolke über uns lag, ging meine Mutter verloren. Da ich aber ihre Stimme hörte, wusste ich, dass ihr nichts passiert war. Schnell ergriff ich Mehmets kleine Hand und zog meinen Bruder in Richtung Tür. Mit letzter Kraft und voller Hoffnung, endlich die frische, klare Luft einzuatmen, hob ich meine Hand, legte sie auf dem Türknauf und zog an ihm.

Doch die alte Holztür ging nicht auf.

Hoffnungen zerbrachen in mir wie ein Glas in tausend Scherben. Mein Herz setzte für einige Sekunden aus, hämmerte dann aber heftig weiter gegen meine Brust. Panisch zog und ruckelte ich an der weißen Tür.

Dann merkte ich, wie die kleine Hand meines Bruders aus meiner Hand glitt und er langsam seine Augen schloss. Schnell nahm ich meinen müden, schlappen Bruder auf den Arm. Hilfesuchend blickte ich umher, nach einer Lösung suchend, aber der Rauch verdeckte alles, was es zu verdecken gab. Ein dicker Kloß steckte mir im Hals. Ich bekam kaum noch Luft. Mein ganzer Körper zitterte. Es war unerträglich heiß, mein Schlafanzug klebte an mir wie eine zweite Haut, aber innerlich war mir kalt und meine Finger fühlten sich an wie kleine Eiszapfen. Meine Lippen zitterten. Ich wollte gleichzeitig schreien und weinen, aber ich bekam vor Entsetzten kein Wort raus. Jemand neben mir rief leise um Hilfe. Jemand, den die Angst und Ratlosigkeit völlig im Griff zu haben schienen.

Ich war mir nicht sicher, ob ich es war.

Der beißende Rauch reizte meine Augen, bis sie tränten. Vielleicht weinte ich auch.

Ich wusste es nicht.

Das Schicksal hatte aber noch nicht genug. Die kalte Angst jagte durch meinen Körper, als ich in diesem Nebel zwischen den panischen Schreien und dem Weinen meiner Familie eine Bewegung wahrnahm. Eine Flamme. Rot wie die Abendsonne. Schrecklich und wunderschön. Mir war, als würde sie mir in die Augen sehen. Als würde mir der Tod in die Augen sehen.

Aus der Flamme wuchs ein Feuer. Neben dem Feuer weitere Flammen. Brüder und Schwestern. Es war, als würden sie um uns herumtanzen und auf uns zukommen. Ich schloss meine Augen. Ließ meine Tränen fließen und drückte Mehmet an mich.

Doch plötzlich nahm mir jemand Mehmet aus den Armen. Ich öffnete meine Augen. Es war mein Vater. Er lief schnell in das Wohnzimmer und ich sah, dass er ein Fenster geöffnet hatte, aus dem er mit meinem Bruder herauskletterte. Meine Mutter nahm mich fest in den Arm, krallte ihre Finger in meine Haut. Wir gingen auf das Fenster zu. Es wird alles gut werden, dachte ich. Hoffte ich.

Kapitel 2

Wir schnappten gierig nach Luft. Noch nie kam mir ein geöffnetes Fenster so schön vor. Ich verstand, dass manche Dinge, die wir für selbstverständlich halten, oft das Wertvollste sind, was wir haben. Noch nie kam mir die Luft so klar und befreiend vor. Schnell kletterte mein Vater mit Mehmet auf dem Arm aus dem Fenster und meine Mutter hinterher. Als ich meinen ersten Fuß auf die Fensterbank setzte und mit meinen blutig zerkratzten Händen nach dem alten Fensterrahmen griff, von dem der weiße Lack abblätterte, hielt ich plötzlich inne. Langsam drehte ich mich um, lockerte den Griff und setzte zaghaft den Fuß auf den Boden. Ich schaute mich in unserem Haus um. Es brannte. Alles was in unserem Haus war, brannte. Nicht nur unsere Sachen, auch alle unsere Erinnerungen. Das erste Lachen meines Bruders, das die Wände gehört hatten. Der Boden, der meine ersten Schritte gespürt hatte. Jeder Fingerabdruck, jeder Atemzug wurde von diesem Haus verschluckt, bewacht und aufbewahrt. Von unserem Haus. Jetzt brannte es und ich sollte es im Stich lassen? Alles loslassen? Einfach so? Ich stellte mir vor, wie ich Sachen heraustrug. Unsere Sachen. Aber ich bewegte mich keinen Zentimeter. Ich hatte Angst.

Ein Schlag traf mich am Kopf. Kopfschmerzen. Gedanken hämmerten gegen meinen Schädel. Mir wurde schwindelig. Ich fing an zu stolpern, konnte kaum noch aufrecht stehen, mein Körper war erschöpft und fiel in sich zusammen, ich glitt kraftlos an der Wand herunter auf den Boden. Der Rauch wurde immer dichter. Er reizte meinen Rachen. Er schnitt sich gnadenlos in meinen Hals und ich musste so sehr husten, dass es schon wehtat. Um mich herum verschwamm die Welt zu einem roten Meer. Ich verlor den Verstand, verlor meine Kraft und merkte kaum, was geschah. In mir und um mich herum. Nun glitt auch mein Oberkörper zu Boden und ich stützte mich noch aus letzter Kraft auf den Ellbogen. »Meryem!«, hörte ich meine Mutter kreischen. Meryem. Ich war mir nicht sicher, ob das mein Name war. Ich spürte, wie sie versuchte, sich von Leuten, die sie zurückhielten, loszureißen. Ich spürte ihre Nähe. Meinen Vater hörte ich mit zitternder Stimme auf sie einreden.

Das war das Letzte, was ich hörte.

Es wurde schwarz vor meinen Augen. Der alte Holzboden war hart, als ich auf ihn aufprallte. Mein Inneres sackte noch tiefer in das dunkle Holz hinein und ließ sich von der anziehenden Müdigkeit nach unten treiben. Mein erschöpfter Körper löste sich ergeben aus dem engem Griff der schmerzenden Anspannung und ich konnte ihn nicht mehr leiten. Meine Augen konnte ich auch nicht mehr kontrollieren. Sie fielen erschöpft zu und meine zarten Augenlider verschmolzen mit meinem unteren Wimperkranz. Ich wollte meinen Körper auch nicht mehr kontrollieren. Ich ergab mich meinem schwarzem Schicksal, konnte und wollte nicht mehr kämpfen. Ich gab auf und die Zeit blieb plötzlich stehen.

Kapitel 3

Erschöpft rappelte ich mich auf. Ich kniff die Augen zusammen, da mich ein grelles, rötliches Licht blendete. Als ich die unerträgliche Hitze um mich herum wahrnahm, riss ich entsetzt meine Augen auf. Ich befand mich im Goldschatten des Feuers.

Ich stand schnell auf, stolperte und stützte mich schnell mit meiner Hand an der beigefarbigen Wand ab. Ich sammelte meine letzte Kraft und kämpfte mich an das vielversprechende Fenster heran.

Vielversprechender als je zuvor.

In mir tobte ein Sturm. Er wusste selber nicht genau, welchen Schattenpfaden aus der Zukunft, die an ihm zupften und ihn in verschiedene Richtungen mitzogen, er folgen sollte. Alle meine Gefühle und Gedanken hämmerten so stark gegen meinen Brust-korb wie ein eingefangener Vogel, dem die Freiheit genommen wurde, der sich verzweifelt versucht, aus dem Käfig zu befreien. Ich hörte sie in mir ängstlich miteinander reden, hilflos schreien und bitter weinen.

Eine Seite von mir war erschöpft, wollte weinen und aufgeben. Die andere wollte den feurigen Schmerz und die Wut aus ihr rausschreien, um ihr Leben kämpfen und gegen das Schicksal. Sie wollte alles um mich herum zerstören, in feines Puder reiben.

Die starke Seite siegte. Ich rannte zum Fenster, umklammerte erneut den Fenstergriff, öffnete zum zweitem Mal das Fenster und stieg auf die Fensterbank. Ich drehte mich nicht mehr um. Ich hatte gegen das Schicksal gewonnen.

Als ich mit meinen Füßen auf die Erde trat, traten meine gestau-ten Tränen erleichtert hervor. Ich fiel müde auf den harten Boden. Mit meiner rauen Hand grub ich tiefer in den grauen Sand, schaute in den heiligen Himmel und bedankte mich bei meinem Heimatland.

Bedankte mich für mein Leben. Dass ich doch wieder die goldene Sonne erblicken durfte.

Ich wusste nicht, was ich erwartet hatte. Vielleicht, dass sich alle erleichtert und tränenüberströmt auf mich stürzen würden. Aber es war niemand da.

Niemand.

Wo war meine Mutter, die mir leise ins Haar geweint hatte? Wo war mein Vater, der mich auf den Arm genommen und mir beruhigende Worte zugesprochen hätte? Wo war mein Bruder, der meine raue Hand hatte halten wollen?

Jemand sagte: »Steh auf! Lauf!«

Wohin sollte ich laufen? Ich hörte mich selber schluchzen und weinen und schluckte gierig nach Luft. Eine kräftige Frau nahm mich kurz in den Arm. Ihre Nähe tat mir gut. »Deine Eltern dachten, sie sehen dich nicht mehr. Dort vorne steht ein roter Bus. Vor einer kurzen Weile sind sie mit einen ähnlichen geflüchtet. Der nächste fährt gleich. Lauf Meryem. Hier in Syrien findest du deine Familie nicht mehr. Folge ihnen in ein anderes Land!«, erklärte sie mir.

»In welches Land?«, fragte ich wispernd.

»In ein Besseres…«

Ich rannte. Rannte und spürte den kalten Schmerz nicht, der in meinen Hals eindrang. Ich genoss ihn. Ich genoss die Kälte. Ich genoss die Freiheit.

Die Menschen um mich herum sah ich nicht. Ich schlug mich durch die Menschenmenge. Kämpfte. Der Bus stand ein paar Meter vor mir. Die Hoffnung stand vor mir und lud mich ein. In ein anderes Land, ein anderes Leben.

Jemand schrie schluchzend auf. Ich zuckte erschrocken zusammen. Spürte einen stechenden Schmerz in meiner Brust, jemanden aus unserem Freundeskreis so erbärmlich leiden zu hören. Erneut drehte ich mich langsam um. Ich wusste nicht, ob ich das, was hinter mir geschah, sehen wollte.

Menschen rannten panisch umher. Mütter weinten. Ayse schrie erneut. Ihre Stimme zitterte. Sie versuchte sich aus dem Griff ihrer Mutter loszureißen. Achmed, ihr Sohn, war noch in dem Haus. Und auch in deren Haus war Feuer. Ich wusste, was Achmed jetzt fühlte und dachte. Und an seiner verzweifelten Mutter sah ich auch, was meine Eltern durchgemacht hatten. Auf ihrem Gesicht lag Trauer. Sie fiel verzweifelt auf die Knie und blickte flehend zum grauem Himmel hoch. Sie schrie zum Himmel. Sie flehte ihn erbärmlich an. Sie weinte, sie schlug hysterisch um sich, sie schrie ihren Schmerz aus der Seele und schnappte schluchzend nach Luft. Ihre Mutter ließ sie langsam los. Trat etwas weg. Ihre Augenlider schlossen sich und ihre warmen Tränen flossen langsam aus ihnen hervor, an ihrer kalten Wange entlang.

Krieg.

Er lässt Bomben auf unsere Häuser fallen und unsere Häuser in Brand setzen. Er zerstört unsere Häuser, unsere Freude, unsere Familien und unser Leben.

Krieg.

»Lebt wohl«, wisperte ich. Ob es noch helfen würde, wusste ich nicht. Einen letzten Blick warf ich auf mein Volk. Mein Land. Meine Erde. »Sollte ich gehen? Wollte ich gehen?«, dachte ich.

Dann stieg ich in den Bus.

Eine Grenze wurde überschritten. Meine Grenze…

Von mir überschritten…

Okan

Kapitel 1

Ich sah sie sofort. Wie denn auch nicht? Ihre auffallende Schönheit war nicht zu übersehen. Sie hatte lange rote Locken wie die

Abendsonne und frische smaragdgrüne Augen wie das Moos, wenn es im Sommer blühte.

Schweigend ging sie auf einen einzelnen Fensterplatz zu, ließ sich dort nieder und starrte heraus. Nach einer Weile fing ihre Unterlippe an, verräterisch zu beben, sie rieb sich nervös die Hände und ihr zierliches, blasses Gesicht zerknitterte. Sie schluchzte, ließ einen kurzem Schrei aus und schlug sich schnell die Faust vor den Mund, auf die sie dann, verzweifelt vor Wut, biss. Ihr Blick wanderte auf den grauen, abgekratzten Boden des Busses. Leise weinte sie. Und dann immer lauter. Bis sie schließlich hysterisch anfing zu schreien und zu weinen. Sie war nicht die Einzige.

Aber die Einzige, die allein war.

Mit mir.

Ich zögerte kurz, ging dann aber auf das fünfzehnjährige Mädchen zu. Ich legte ihr eine Hand auf den bebenden Rücken. Sie schaute erstaunt zu mir auf. In ihren Augen blitzte der dunkle Glanz ihrer Tränen. Und in ihren Tränen der Glanz ihrer dunklen Vergangenheit. Ich nahm ihre raue Hand und drückte sie aufmunternd. Sie drückte dankend zurück. Das Mädchen lehnte sich durchatmend zurück an die Sitzlehne. Ihr Atem beruhigte sich, sie schloss langsam die Augen und fiel erschöpft in den Bann der Träume.

Meryem

Kapitel 4

Nichts bewegte sich mehr. Der Bus blieb stehen. Blinzelnd öffnete ich meine Augen. Die Nacht bedeckte zärtlich die Erde mit ihrem schwarzen Umhang und das wenige Licht des Mondes schimmerte durch die Ritzen der dunkelgrünen Baumkronen und reflektierte sich an meiner Fensterscheibe. Alle Menschen, auch der Junge neben mir, schliefen erschöpft. Ich entschied mich, den Busfahrer zu suchen, um zu fragen, warum wir anhielten, aber er war nicht da. Als ich aus dem Bus stieg, sah ich, dass wir auf einer großen Lichtung angehalten hatten, auf der das Gras hochwuchs. Hier sah es nicht so aus wie in Syrien und es fühlte sich auch nicht so an, aber mir gefiel es. Ich sprang auf die Erde und streifte mit meinen Handflächen zärtlich an den Grashalmspitzen.

Plötzlich nahm ich raue Männerstimmen hinter dem Bus war und schlich mich näher an sie heran. Vorsichtig lugte ich um die Ecke. Der Busfahrer und ein anderer Mann saßen nebeneinander und unterhielten sich angestrengt, während sie müde an ihren Wasserflaschen nippten. Ich verstand nicht genau, was sie sagten, aber ein Wort stach regelmäßig aus dem Gespräch hervor und wurde irgendwie anders ausgesprochen. Fast schon liebevoll…: Almania.

Almania. Deutschland.

Nachdenklich schlich ich wieder in den Bus, bis mich der Schlaf von meinen Gedanken wegriss.

Okan

Kapitel 2

Der Geruch der Morgendämmerung schlich sich durch die geöffnete Bustür und die strahlende Sonne, die hoch über der Welt stand, kitzelte mein Gesicht. Um mich herum bemerkte ich, dass alle aufgeregt miteinander sprachen und tuschelten. Ich rappelte mich verschlafen hoch und blickte um mich herum. Das Mädchen neben mir saß aufrecht und vermied es, aus dem Fenster zu sehen. »Willst du nicht wissen wo wir sind? Warum guckst du nicht?«

»Wenn dort keiner ist, der auf mich wartet? Wenn es mir hier nicht gefällt? Wenn ich nie wieder glücklich werde? Nie wieder ein Lächeln zustande bringe? Was mache ich dann?«, fragte sie verzweifelt.

»Das Ende ist immer gut, und wenn es nicht gut ist, ist es auch nicht das Ende«, flüsterte ich und nahm ihre Hand. Gemeinsam stiegen wir aus dem Bus heraus. Aus unserem altem Leben. In ein neues Leben, in ein neues Land. Wir überschritten eine Grenze. Unsere Grenze... Von uns überschritten...

Kapitel 3

Die Luft hier war viel frischer und kühler, als wir aus dem Bus ausstiegen. Der Himmel war blauer und das Gras grüner...

Langsam traten wir auf den Boden dieses Landes und er fühlte sich ganz anders an. Weich und beruhigend. Wir gingen den ersten Schritt und dann den nächsten auf die Menschenmenge zu. Eltern hatten hier auf ihre Kinder gewartet und Freunde auf ihre Bekannten. Viele Mütter stürmten jetzt auf ihre Kinder zu und nahmen sie gierig in ihre Arme.

Und plötzlich stürmten eine Frau, ein Mann und ein kleiner Junge auf das Mädchen neben mir zu und umarmten es. Ihre Augen füllten sich mit Tränen der Erleichterung, ihre Tochter doch noch wiederzusehen. Sie küssten und streichelten ihr wiedergefundenes Kind und weinten ihr ins Haar.

Für einen Moment löste sich das Mädchen aus der Umarmung ihrer Familie, nahm mich am Ärmel meines blauen Hemdes und zog mich näher an sich heran. Ihre Mutter streichelte mir zärtlich die Haare von der Stirn und der kleine Junge nahm meine Hand. In meinen Augen fing es an zu brennen und ich merkte, dass ich anfing zu weinen. Da stürzten sich alle auf mich und keiner löste sich aus der Umarmung. Ich hatte eine neue Familie gefunden. Ich hatte eine Grenze überschritten. Meine Grenze... Von mir überschritten...

»Das Ende ist immer gut und wenn es nicht gut ist, ist es auch nicht das Ende.«

Aurelia Preu

Vier Teufel im Urlaub

Es ist noch ziemlich kalt, obwohl wir schon März haben. Ostereier draußen suchen können wir wohl vergessen! Moment, wir... wir, das sind ich, Teufelchen (die eigentlich Sara heißt), Liv und Badra! Ich heiße übrigens Ignis. Und wir sind Teufel. Alle vier.

Ihr glaubt jetzt aber nicht, dass in der Hölle Ostereier gesucht werden, oder? Da habt ihr auch Recht. Ostereier finden alle in der Hölle doof!!! Aber im Moment sind wir nicht in der Hölle. Wir sind im Himmel! Oder wie sagt ihr, wenn ihr etwas langweilig findet? Naja, ich, Teufelchen, Liv und Badra sind jedenfalls in der Menschenwelt. Weil alle jungen Teufel wenigstens einmal einen Erdenurlaub machen müssen. Sagen die alten Teufel. Also tauschen wir für eine Weile den Platz mit einem Erdenkind. Das schläft so lange in einem speziellen Raum in der Hölle.

Wir vier Teufelsfreundinnen haben lange überlegt, wo wir unseren Urlaub verbringen wollen. Eins war uns sofort klar: Wir wollten unbedingt zusammen in eine Schulklasse gehen. Und so haben wir unsere Erdentauschkinder auch ausgesucht. Jetzt sind wir also alle in der 6. Klasse eines Gymnasiums. Und heute ist der vorletzte Schultag vor Ostern. Bei uns Teufeln ist das natürlich kein Feiertag. Schließlich wurde da Jesus aus der Hölle geklaut! Aber die Menschen finden das super und deshalb feiern sie. Aus irgendeinem Grund hängen sie als Deko bunt bemalte Hühnereier auf. Ich denke gerade mal wieder darüber nach, als die Mathelehrerin Frau Elfanso mich aus meinen Gedanken holt: »Ignis! Wie hoch ist die Wahrscheinlichkeit, dass du zuhörst und weißt, was die Hausaufgabe ist?«, fragt sie.

»Ähh, es ist sehr wahrscheinlich«, sage ich laut und flüstere vor mich hin: »...*wenn man ein ›un‹ vor ›wahrscheinlich‹ hängt...*«

Frau Elfanso sieht mich kritisch an und einige kichern. Teufelchen grinst mich an und meldet sich. »Ja Sara!«, sagt Frau Elfanso.

»Ich schätze, dass sie zu achtundneunzig Prozent geschlafen hat und zu zwei Prozent wach war«, sagt Teufelchen. Alle brechen in Gelächter aus. Frau Elfanso guckt verdattert, aber bevor sie etwas sagen kann, klingelt es und alle Kinder springen auf und laufen nach draußen.

In der Pause kommt Teufelchen zu mir und sagt: »Ich habe eine neue Geschichte geschrieben. Willst du sie hören?«

»Na gut. Wenn es schnell geht«, sage ich und wir lassen uns auf die Treppe fallen. Wenn Teufelchen einem etwas vorlesen will, sollte man lieber nicht nein sagen. Schließlich hat sie in der Hölle das Sagen und mit dem Chef verdirbt man es sich besser nicht.

»Darf ich dein Buch lesen?«, fragt Liv und setzt sich neben uns. Diese Bücherverrückte!

»Wo ist Badra? Sie soll auch zuhören!«, meint Teufelchen.

»Ich weiß nicht. Ich dachte, sie ist mit Isabella nach draußen gegangen«, antworte ich. Da kommt Luisa und im Schlepptau hat sie… Aastha! Die können wir Teufel ja nun gar nicht ausstehen. Mit ihren blonden Plastiklocken und ihrem Zahncremelächeln sieht sie einem Engel so ähnlich, dass uns allen übel wird. »Hey Lu-Lu«, flötet sie, »du wolltest doch mit mir ins Einkaufszentrum gehen! Komm, wie setzen uns hier hin.« Diese Schleimerin! »Sie hätte Schnecke werden sollen«, flüstert Liv mir ins Ohr. Teufelchen ist nicht so zurückhaltend. Als Aastha gerade sagt: »Da können wir dann auch Schminke kaufen und…« kommt Teufelchens großer Auftritt: »Rede nicht von Schönheit, wenn deine Schminke mehr wiegt als dein Gehirn!«, ruft sie dazwischen und alle müssen lachen.

Dann klingelt die Schulglocke und der Flur füllt sich langsam mit Schülern. Tom schreit wie immer laut herum und allgemein ist der

Lautstärkepegel auf achtzig Prozent. Wow! Ich habe eine Prozentzahl angewendet! Aastha redet und redet und redet... Teufelchen lästert: »Wenn sie die Augen noch weiter aufreißt, fallen sie irgendwann raus...«

»Stimmt«, kichere ich, »und eines Tages wird sie sich einen Knoten in die Zunge quatschen!« Teufelchen kriegt sich vor Lachen kaum wieder ein, aber da kommt Frau Lasna und die Deutschstunde fängt an. Wir haben gerade Fabeln im Unterricht, das sind Tiergleichnisse. »So, Seite 12 aufschlagen!«, sagt Frau Lasna. Und während alle mit ihren Büchern rascheln, verkündet sie: »In dieser Stunde beschäftigen wir uns mit der Fabel ›Der Rabe und der Fuchs!‹«

Da sagt Mark: »Ha, der Fuchs sieht genauso aus wie eine Pizza Margherita.«

»Na, da bist du ja in bester Gesellschaft!«, sagt Teufelchen, »du bist auch wie 'ne Margherita, auf der ist nichts drauf und in deinem Hirn ist nichts drin.« Die ganze Klasse brüllt vor Lachen. Nur Frau Lasna findet das natürlich gar nicht komisch. Sie schiebt ihre Brille auf den Kopf und alle verstummen. Immer diese Spaßverderber!

Nach der Schule gehen Teufelchen und ich zu den Fahrradständern. Unsere Fahrräder sind mal wieder zugeparkt und Teufelchen schiebt energisch alle, die uns im Weg stehen, beiseite. Unterwegs rufe ich schnell meine Erdenmutter an und frage, ob ich zu Teufelchen darf, Eier färben. Ich darf. »Ich habe auch schon alles vorbereitet!«, sagt Teufelchen gerade, als wir plötzlich bremsen müssen. Vor uns liegt die große Kreuzung und die Ampel, über die wir müssen, ist gesperrt. Teufelchen geht geradewegs darauf zu und räumt die Absperrung einfach beiseite. Der Polizist, der den Verkehr regelt, guckt zwar etwas verdattert, aber Teufelchen fährt einfach los und ich hinterher. Der Typ bläst erst in seine Trillerpfeife, als wir schon zwanzig Meter weit von der Kreuzung weg sind. Unser Glück, dass er da nicht weg darf!

Als wir bei Teufelchen ankommen, empfängt uns ihre Erdenmutter. Wir setzen uns an den Tisch. Teufelchen hat tatsächlich schon alles vorbereitet, aber irgendwie gibt es nur die Farben schwarz, rot und orange. Ich ziehe die Augenbrauen hoch und gucke sie fragend an. »Höllenweh!«, meint sie nur und zuckt mit den Schultern. Also färben wir lauter schwarze, rote und orange Eier. Komisch, die sind ganz schön schwer! Macht nichts, wir kleben die Fäden zum Aufhängen eh mit Heißkleber an. Als die Eier getrocknet sind, gehen wir raus und hängen ein paar in den Garten. Da sehen wir, dass die Nachbarn noch keine Eier aufgehängt haben.

»Wir haben doch noch ein paar Eier übrig! Lass uns doch mal engelsmäßig nett sein und ihnen ein paar abgeben!«, sagt Teufelchen. Und ehe ich etwas erwidern kann, ist sie schon bei den Nachbarn und hängt die Eier auf. Schnell wie der Blitz ist Teufelchen wieder im Garten und wir gehen rein. Da kommt Teufelchens Erdenmutter und fragt: »Warum habt Ihr nur schwarze, rot und orange Eier aufgehängt?«

Teufelchen überlegt kurz. »Die anderen Farben waren alle!«, sagt sie mit weinerlicher Stimme, »nächstes Jahr musst du neue kaufen!« Dann rennen wir zusammen so schnell wie möglich in ihr Zimmer, damit ihre Erdenmutter nicht hört, wie wir vor Lachen fast platzen.

Als ich später wieder zuhause bin, sage ich, dass ich noch für einen Allerlei-Test üben muss. Ein Allerlei-Test ist ein Test, in dem von allen Fächern irgendwas dran kommt. In Wirklichkeit kann ich gar nicht für die Schule lernen, egal für welches Fach. Dummerweise habe ich mir aus der Hölle nämlich einen kleinen Fluch mitgebracht: Wenn ich etwas lese, verbrennt es. Egal, wer es geschrieben hat, ob es gedruckt ist oder mit der Hand geschrieben, ob ich es geschrieben habe oder jemand anders, völlig egal: es verbrennt. Also besteht

»üben« darin, ein Wort zu lesen und ihm beim Verbrennen zuzugucken. Wenn ich Glück habe, behalte ich das ein oder andere, aber meistens klappt das nicht. Irgendwann geht mir das Papier aus und in meinem Zimmer hängt eine kleine, höllische Rauchwolke. Ich finde ja, dass das herrlich riecht, aber ich mache doch lieber schnell das Fenster auf. Nicht, dass noch der Rauchmelder losgeht...

Als ich am nächsten Tag in die Schule komme, steht schon Frau Lasna an der Tür und sagt: »Also! Alle still sein! Guten Morgen, liebe Klasse! Heute schreiben wir unseren Allerlei-Test.« Alle stöhnen, aber es hilft ja nichts, der Test wird ausgeteilt und es geht los. Ich muss echt aufpassen, dass auf meinem Tisch nichts anbrennt. Ich muss alle Antworten so schnell wie möglich hinschreiben und darf dabei weder denken noch richtig hingucken. Und meine Antworten nochmal durchlesen darf ich schon gar nicht. Selbst für einen Teufel ist das echt schwierig...

Teufelchen hat ihre eigene Art, Klassenarbeiten zu schreiben. Damit Ihr Euch das vorstellen könnt, zeig ich Euch mal eben ihren Allerlei-Test:

Was geschah mit Jesus an Ostern?
Er wurde aus der Hölle geklaut! v/f 0,5
(1 Punkt)
Schreibe hier weiter:
Weiter 0
(1 Punkt)
Was ging 1998 zuende?
1997 0
(1 Punkt)

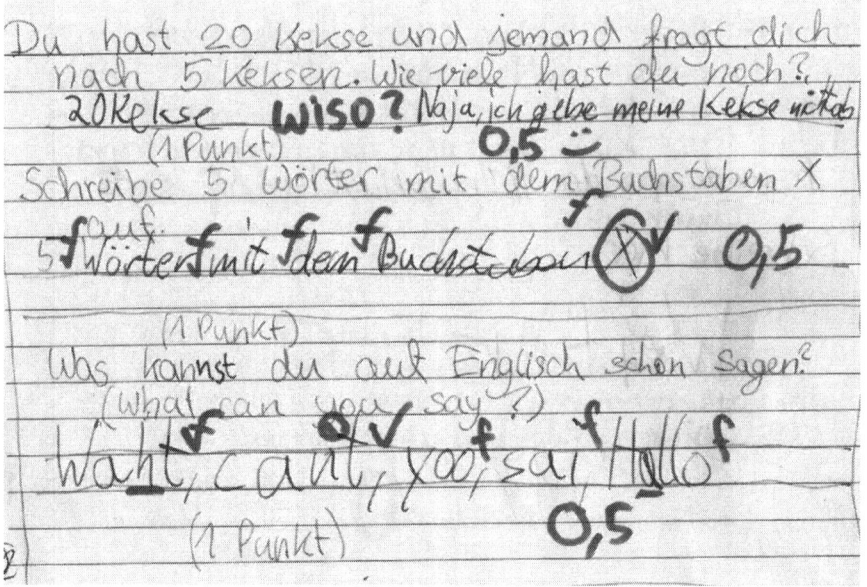

Du hast 20 Kekse und jemand fragt dich
nach 5 Keksen. Wie viele hast du noch?
20 Kekse   WISO? Naja, ich gebe meine Kekse nicht ab
(1 Punkt)   0,5 ☺

Schreibe 5 Wörter mit dem Buchstaben X
auf.
5 Wörter mit dem Buchstaben ⊗   0,5
(1 Punkt)

Was kannst du auf Englisch schon sagen?
(What can you say?)
Waht, cant, yoo, sai Hallo
(1 Punkt)   0,5

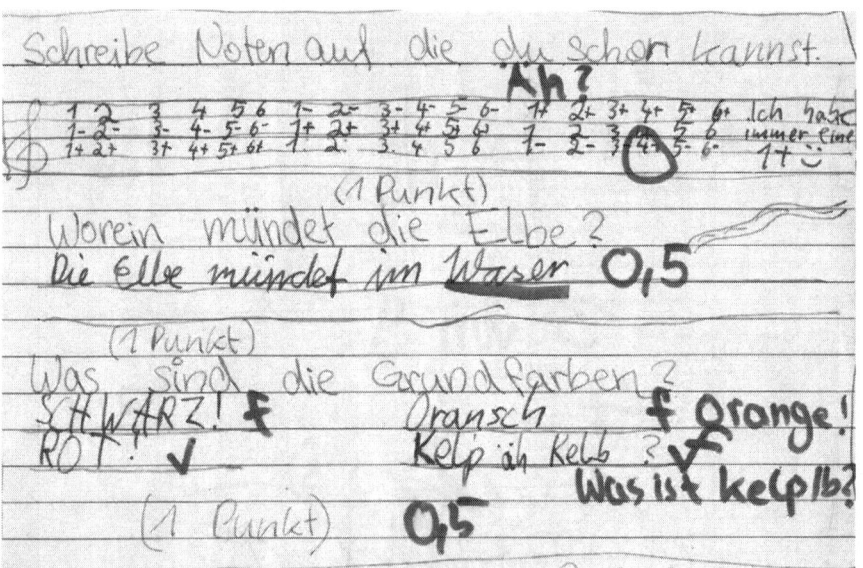

Schreibe Noten auf die du schon kannst.
Äh?
(Notenzeilen)
(1 Punkt)

Worein mündet die Elbe?
Die Elbe mündet im Waser   0,5

(1 Punkt)
Was sind die Grundfarben?
SHWARZ!   Oransch   Orange!
ROT. ✓   Kelp äh Kelb?   Was ist kelp/b?
(1 Punkt)   0,5

150

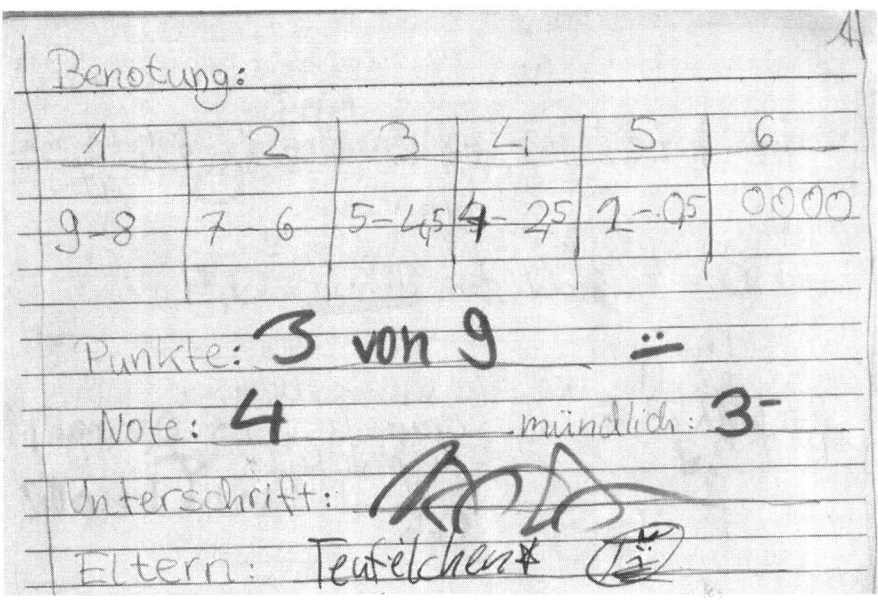

Am Ende der nächsten Deutschstunde bekommen wir den Test zurück und ich habe ein Fünf minus. Manno! Ich kann doch nichts dafür, dass alles verbrennt, was ich lese! Als ich es Teufelchen sage, guckt die empört, läuft zur Lehrerin und fängt an, mich heftig zu verteidigen. Bestes Teufelchenkino! Ich drehe mich zu Liv um und frage: »Hast Du Popcorn?«

»Nee, leider nicht«, lacht sie, »aber es würde jetzt echt gut passen!«

Badra kichert und meint: »Ich hol kurz mein Handy raus und nehme es auf, glaubt uns ja in der Hölle sonst keiner.«

»Was hast Du denn im Test«, frage ich Liv.

»Eine Drei«, antwortet sie.

»Und was hat Teufelchen?«, will Badra wissen, »also ich hab eine Zwei minus.«

»Pfui Engel, wie kannst Du nur so gute Noten schreiben! Teufelchen hat eine Vier und ich eine Fünf minus«, antworte ich. Langsam mache ich mir aber Sorgen um unsere Pause, denn Teufelchen schimpft immer noch herum. Ich gehe nach vorne und sage zu Frau Lasna, dass es schon okay ist. Dann ziehe ich Teufelchen zurück auf ihren Platz. Frau Lasna sieht aus, als hätte sie in eine extrasaure Zitrone gebissen. Dann macht sie mit dem Unterricht weiter.

Nach Deutsch haben wir noch Mathe und da schreiben wir einen Knobeltest. Schon wieder! Ich werd verrückt. So viel verbranntes Papier ist ungesund... In diesem Test schaffe ich immerhin eine Drei plus und lande auf dem vorletzten Klassenplatz. Teufelchen hat diesmal eine Eins, weil sie außer ihren Höllenantworten zur Abwechslung auch mal die richtigen Ergebnisse hingeschrieben hat. Guckt mal:

Knobeltest:

Name: Sara Teufelchen

① Es ist 11 Uhr. In 5 stunden liegt da ein Apfel. In 5 stunden danach wirst du ihn gegessen haben. 2P.
Wie spät ist es?
a) 11 Uhr   b) 3 Uhr   c) 12 Uhr   d) 20 Uhr

A: Wie wisst ihr das in 5 stunden ein Apfel rum liegt? a) ist die Antwort

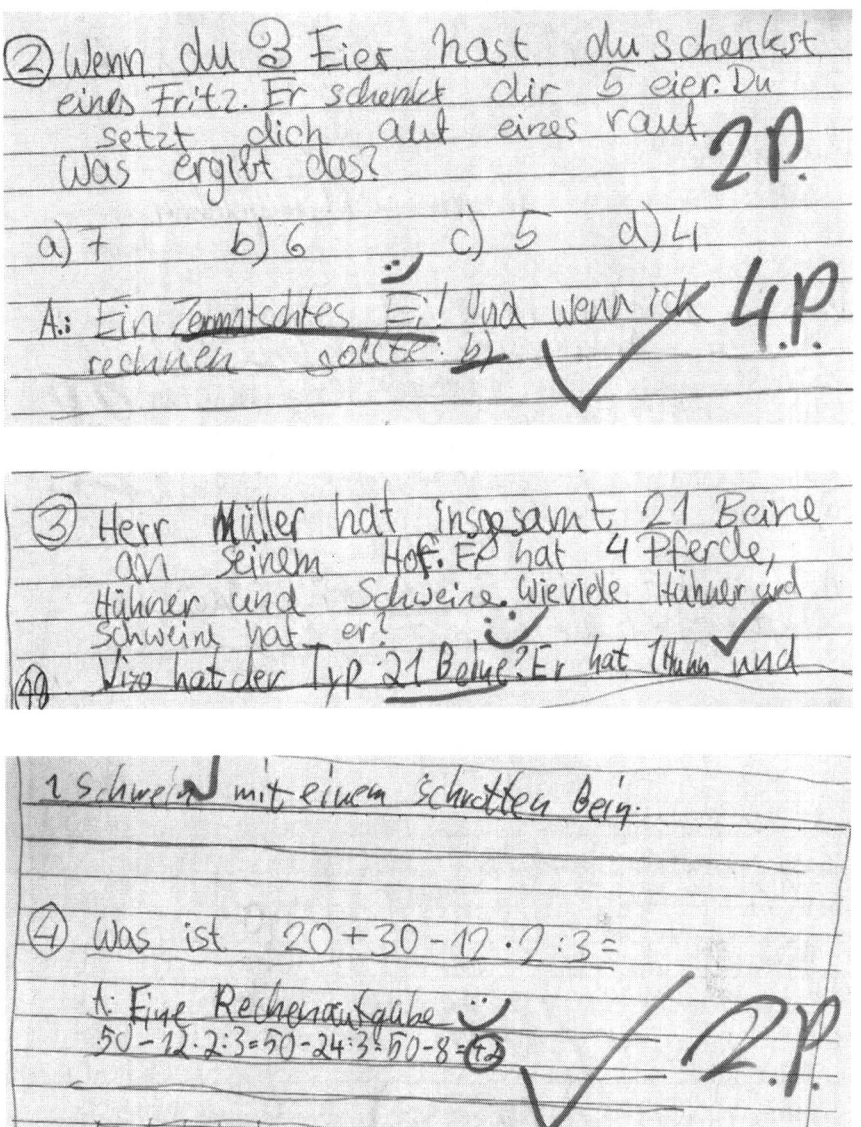

②Wenn du 3 Eier hast du schenkst
eines Fritz. Er schenkt dir 5 eier. Du
setzt dich auf eines rauf. 2P.
Was ergibt das?

a) 7   b) 6   c) 5   d) 4

A.: Ein Zermatchtes Ei! Und wenn ich 4.P.
rechnen sollte: b)   ✓

③Herr Müller hat insgesamt 21 Beine
an seinem Hof. Er hat 4 Pferde,
Hühner und Schweine. Wieviele Hühner und
Schweine hat er?
④⑩ Viro hat der Typ 21 Beine? Er hat 1Huhn und   ✓

1 Schwein mit einem Schrotten Bein.

④ Was ist 20+30-12·2:3=

A: Eine Rechenaufgabe ☺   ✓ 2.P.
50-12·2:3=50-24:3=50-8=(42)

153

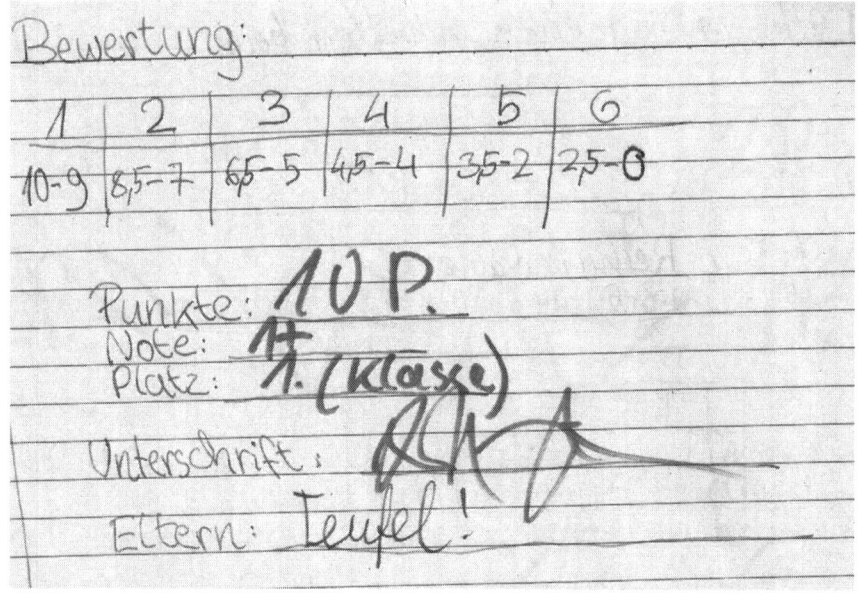

Bewertung:

1	2	3	4	5	6
10-9	8,5-7	6,5-5	4,5-4	3,5-2	2,5-0

Punkte: 10 P.
Note: 1
Platz: 1. (Klasse)

Unterschrift:
Eltern: Teufel!

Zum Glück war das der letzte Test vor Ostern. Teufelchen bekommt einen Preis und ich kriege etwas von ihrer Siegerschokolade ab. Als die Schule vorbei ist, gehe ich mit zu ihr.

Draußen scheint zur Abwechslung mal die Sonne. Wir gehen raus. »Die Nachbarjungs spielen Fußball und wir können auf den Baum klettern und sie heimlich beobachten!«, sagt Teufelchen. Als wir oben sind, sehen wir, dass die Jungs total hoch schießen und plötzlich... trifft einer ein Ei, das Teufelchen gemalt hat und es geht kaputt. Aus der zerbrochenen Stelle sickert Eigelb. Mir geht ein Licht auf. Ach, deshalb waren die Eier so schwer! Teufelchens Grinsen erstarrt. Sie springt vom Baum direkt in den Garten, packt den Jungen, der das Ei zerschossen hat und schimpft: »Weißt du, wie viel Mühe ich mir damit gegeben habe?«

Ich springe schnell hinterher, damit sie nicht wieder ein Riesenchaos anrichtet, und versuche sie zu beruhigen: »Naja, wenn Du ehrlich bist, hast Du sie doch nur in den Topf mit der schwarzen Farbe getaucht.«

»Na und? Trotzdem sind das jetzt mindestens zehn kostbare Sekunden, die ich von meinem Urlaub hier oben verschwendet habe!«, ruft Teufelchen.

»Urlaub?«, fragt der Junge verständnislos. Das hätte er lieber gelassen, denn nun legt Teufelchen erst richtig los und schimpft auf ihn ein. Oh weh. Das kann lange dauern! Der andere Junge fragt mich verdutzt: »Was redet, nee, schimpft sie da von Hölle und Urlaub?« Mir reicht es, selbst wenn wir es den Jungs erklären, glauben sie es ja doch nicht. Ich schnappe mir Teufelchen und zerre sie zurück in ihren eigenen Garten.

Als ich nach diesem Abenteuer endlich nach Hause komme, erwartet mich die Langeweile eines ganz normalen Nachmittags. Und da bekomme ich das heulende Höllenweh! Darum setze ich mich hin und zeichne die Hölle. Dafür braucht man keine Wörter, also kein verbranntes Papier, so ein Glück. Die Hölle ist ziemlich groß, aber ich quetsche sie auf ein Blatt. Über die Pons geht man rein! Pons ist lateinisch und bedeutet Brücke. Hinter der Brücke gibt es verschiedene Räume. In vielen leben die Gonster. Das sind die Geister von Menschen, die in die Hölle gekommen sind. Sie strahlen ein blaues Licht aus. Als uns Jesus zu Ostern aus der Hölle geklaut wurde, ist der Vater von Teufelchen in den Himmel gestürmt, um ihn zurückzuholen. Leider hatte er vergessen, dass Teufel im Himmel verrauchen, puff, einfach so. Seit das passiert ist, hat Teufelchen in der Hölle das Sagen und wir haben immer alle total viel Spaß... Ich bin gerade dabei, in einem wunderschönen Höllen-Tagtraum zu versinken, als plötzlich meine Erdenmutter zum Abendessen ruft. Warum muss man hier oben eigentlich jeden Morgen, Mittag und Abend etwas essen? Also, ich finde das ja total unpraktisch. In der Hölle gibt's am Tag nur einmal Lava, das reicht – und jeder isst, wann es ihm passt. Ach, du schöne Hölle...

Am nächsten Tag fangen wir mit der Familie an, Ostern vorzubereiten. Ich muss aufräumen! Bäh. Das ist fast so schlimm wie im Himmel zu sitzen und die Nadeln der Engel zu sortieren! In einem unbeobachteten Moment stehle ich mich aus dem Haus und gehe zu Badra. Bei ihr wollen wir uns treffen. Als ich vor der Tür stehe, merke ich, dass im Garten eine neue Reckstange ist. Cool! Ich schwinge mich rauf und drehe mich ein paar Runden. Plötzlich steht Badra hinter mir und fragt: »Na? Gefällt Dir unsere neue Reckstange?«

Ich sage: »Ja, sie ist ganz okay. Nur die Holzpfähle sind zu eng beieinander.«

Badra lacht. »Witzbold, Du bist noch bei den Höllenmaßen! Hier oben hast Du doch keinen Schwanz!« Da fällt es mir auch auf. Endlich mal was, was hier besser geht als in der Hölle. Da ist beim Turnen nämlich immer der Teufelsschwanz im Weg.

Kurze Zeit später kommen endlich auch Liv und Teufelchen und wir basteln. Teufelchen macht natürlich mal wieder alles nur in schwarz. Und Liv häkelt sich eine Mütze. Sie liebt Mützen! Badras Peace-Zeichen (natürlich mit Hörnchen und Teufelsschwanz) wird aber das Schönste von allen. »Wehe, du machst mit diesem verteufelten Peace-Zeichen das gleiche wie mit dem in der Hölle!« sagt Badra warnend zu Teufelchen. Alle müssen kichern. Wir können uns noch gut daran erinnern, wie Badra ein wunderschönes Peace-Zeichen auf den Boden ihrer Höllen-Höhle gemalt hatte. Eines Tages hat Teufelchen heimlich ein Kreuz über das Zeichen gemalt – mit Blut! Das war ein Theater! Badra ist jetzt noch sauer. Ich habe inzwischen etwas gefaltet, das aussieht wie ein Auto. Finde ich. Die anderen haben andere Ideen: »Oh, Ignis! Dein... Dings... sieht ja aus wie ein

156

Fahrrad«, sagt Liv. »Nee, ich finde, es sieht wie ein Eisenbahnwaggon aus«, findet Badra. Teufelchen meint: »Ist doch egal. Fahrrad, Auto, Bahn, Bus... Hauptsache, irgendwas, was fährt.« Ich seufze: »Hört auf, Ihr macht mich fertig! Es soll ein Lamm mit Teufelshörnchen sein.« Alle lachen. Ich hab's eben nicht so mit basteln, nicht in der Hölle und nicht auf Erden.

Und dann ist endlich Ostern. Zum Glück geht meine Erdenfamilie nicht in die Kirche, puh! Nicht auszudenken, was mit dem Gesangbuch passieren würde, wenn ich darin lese. Es gibt ein besonders gutes Frühstück und dann suchen wir Eier im Garten. Meine Erdenschwester hat ein Herzchen für mich gebastelt. Ich mache ein glückliches Gesicht und hoffe, dass sie meine Gänsehaut nicht bemerkt. Ein Herzchen! Brrrr. Ich bin doch kein Engel! Meine Erdenmutter hat die Schokoeier gut versteckt, aber mit meinem höllisch scharfen Geruchssinn finde ich sie natürlich trotzdem sofort. Irgendwann fängt meine Erdenschwester an zu heulen, weil ich ein Ei nach dem anderen finde und sie nicht. Da muss ich mich hinsetzen und sie allein weiter suchen lassen. Pah! In der Hölle würden alle »heul doch« und »Pech gehabt« sagen. Langsam geht mir dieses engelhafte Getue echt auf die Nerven. Gut, dass unser Urlaub bald zu Ende ist.

Am Nachmittag darf ich mich zum Glück mit Teufelchen treffen. Sie zeigt mir kichernd ihre Liste mit Eierverstecken. »Ich habe meiner Erdenmutter heute Nacht zugeschaut und mir gleich aufgeschrieben, wo sie alles versteckt hat. Die hat sich vielleicht gewundert, wie schnell ich die Eier gefunden habe!« Wir lachen uns zusammen kaputt. Dann mache ich ein strenges Gesicht und sage: »So, jetzt verstecke *ich* etwas für Dich, aber Du darfst nicht schummeln, nicht beim Verstecken und nicht beim Suchen!« Teufelchen tut so, als ob sie schmollt, aber eigentlich findet sie die Idee ganz witzig. »Okay, ich zähle von zwanzig rückwärts«, sagt sie und hält sich die Augen zu. »Zwanzig, neunzehn, achtzehn...« Schnell schiebe ich den Karton mit meinem Ostergeschenk unter das Sofa und renne zur Verwirrung noch ein bisschen hin und her. »Fertig!«, rufe ich genau in dem Moment, als Teufelchen »null, ich kommeeeee!« schreit. Sofort dreht sie sich um und schnuppert. »Hey, Du schummelst, nicht mit der Nase suchen, sonst mach ich Dir 'ne Wäscheklammer drauf«, schimpfe ich.

Teufelchen verdreht die Augen und sucht ein bisschen herum. Schnell findet sie den Karton unter dem Sofa, naja, war ja auch nicht so schwer. Sie macht den Karton auf und zum Vorschein kommen... ganz viele, kleine, piepsende schwarze Küken. »Oooch, wie schrecklich süüüß!« Teufelchen ist total begeistert. »Was sind denn das für Viecher?«

»Horrorküken«, sage ich stolz. »Sind die nicht toll?«

»Du bist die Beste und Ostern ist gerettet!«, schreit Teufelchen. Wir rennen sofort in ihr Zimmer und verbringen den ganzen restlichen Nachmittag damit, ein Zuhause für die Horrorküken zu bauen.

Am Abend klingelt mein Handy. Es ist Teufelchen. Ich hab gar keine Zeit Hallo zu sagen, da höre ich schon ihr lautestes Höllenheulen. »Meine Erdenmutter hat die Horrorküken gefunden«, jault sie. »Sind die aber dreckig«, hat sie gesagt und dann hat sie sie genommen und gebadet. Gebadet! Dabei hab ich so höllisch protestiert! Aber es hat nix genützt! Und jetzt ist die Höllenfarbe ab und sie sind alle quietschegelb und sehen überhaupt nicht mehr nach Horror aus! Wähhhhhh!«, jault sie. »Ich hab die Schnauze voll von diesem Erdenurlaub. Ich will nach Hauseeeee!«, schnieft Teufelchen.

Eigentlich sollten wir ja noch bis Himmelfahrt bleiben, aber ich finde, Teufelchen hat recht. Von der vielen Schokolade ist mir schon ganz schlecht und wenn ich in der Schule so weitermache, kann mein Tauschkind das Schuljahr vergessen. Sowas findet ein Teufel normalerweise toll, aber die Erdenmenschen sollen ja nicht merken, dass wir im Urlaub sind. Ich muss ein paar Mal »Teufelchen!« sagen, bis sie endlich zuhört. »Ich hab auch keine Lust mehr«, sage ich dann. »Sollen wir Badra und Liv fragen, ob wir zurück wollen?« Wir sind zusammen gekommen, also müssen wir auch zusammen wieder gehen. Höllenregel.

»Ja«, schnieft Teufelchen. »Ich will endlich wieder der Boss sein und niemand soll irgendwas baden, was mir gehört«, sagt sie. Also gut. Ich schicke eine SMS an Badra und Liv. »Krisensitzung bei Teufelchen«, schreibe ich. Zehn Minuten später sind alle bei Teufelchen im Garten. Und wir stellen fest, dass wir alle dasselbe wollen: bloß weg hier!

Also versammeln wir uns um Mitternacht im Wäldchen hinter Teufelchens Haus. Um in die Hölle zurück zu kommen, brauchen wir ein Feuerportal. Wär ja nicht so schlau, wenn die Asche davon am Morgen im Garten von Teufelchens Erdenfamilie liegen würde. Also fegen wir ein paar alte Blätter weg und beschwören sie so, dass sie über die Spuren wirbeln, wenn wir weg sind. Endlich mal was, was *ich* besonders gut kann. Ach, wie ich mich auf die Hölle freue! Teufelchen zieht inzwischen einen Zettel aus der Tasche und fängt angestrengt an zu lesen.»Was machst Du denn da jetzt noch«, fragt Liv genervt.

»Ich studiere die Anleitung fürs Feuerportal, du Engelchen«, motzt Teufelchen. »Man kann ja nicht alles auswendig wissen...«

Badra verdreht die Augen. »Nicht dein Ernst, oder? Du bist doch *der* Teufel!«

Teufelchen wird sauer: »Willst Du rumnerven oder in die Hölle zurück? Ich kann die Anleitung auch bis Himmelfahrt auswendig lernen! Dann schlag ich aber vor, Du gehst jetzt wieder in dein schönes, warmes Erdenbettchen!« Wir ziehen den Kopf ein und sagen nichts mehr. Endlich sagt Teufelchen: »So, es kann losgehen.«

Und wir starten das höchst geheime Ritual zur Rückkehr in die Hölle. Weil es geheim ist, kann ich es hier natürlich nicht verraten. Aber: es klappt. Nur einen Augenblick später finden wir uns an der Pons wieder. Schwefeldüfte wehen uns entgegen, es ist so richtig schön höllisch heiß und unsere kleinen Teufelsgeschwister stehen hopsend und winkend da und wollen alles über unseren Erdenurlaub wissen. Endlich zuhause!

Am nächsten Morgen wachen in vier Erdenfamilien vier ganz normale Erdenkinder auf. Sie finden sich schnell wieder in ihrem Leben zurecht. Nur manchmal haben sie noch einen Albtraum, der immer wieder kommt: Sie sollen eine Klassenarbeit schreiben, aber das Papier fängt an zu brennen. Niemand kann sich erklären, wie sie auf so einen Blödsinn kommen. Niemand außer uns. Und wir finden das natürlich höllisch lustig!

Lina Ruth

Ob klein oder GROSS

Nur noch ein paar Schritte, dann wäre es geschafft, dann wäre ich endlich frei, frei von den Leuten, von den Regeln, einfach von allem, aber was bringt mir das, vielleicht werde ich ja zurückgeschickt oder Schlimmeres, doch nicht alles hier ist schlecht, und trotzdem ist es wie ein Gefängnis. Noch zwei Schritte und ein Tor, dann wäre ich frei, frei von allem, will ich das überhaupt, würde ich alleine überleben oder würde ich schon nach kurzer Zeit zu Grunde gehen, vielleicht, es geht kaum schlimmer, denke ich, also gehe ich zwei Schritte, ein Tor.

Ich bin draußen, ich habe es geschafft. Doch zu welchem Preis? Nun habe ich kein Zuhause mehr und es würde mich nicht wundern, wenn sie mich suchen. Ich gehe vorwärts, drei Schritte, drei Schritte weiter weg von diesem Ort ohne Recht. Wenn ich hochschaue, sehe ich in der Ferne Autos fahren, sehe Vögel und fühle mich bei ihrem Anblick das erste Mal frei, frei wie sie und die meisten Leute es sind. Ich laufe weiter, schneller, immer schneller vorbei an Blumen, die immer schön sind, vorbei an kleinen Tieren, deren größte Sorge es ist, dass sie kein Weibchen oder Männchen ihrer Art beeindrucken können, und ich mitten drin, so klein, so unbedeutend.

Nun stehe ich auf einer Anhöhe, schaue ein letztes Mal zurück und sehe das mir nur allzu bekannte Schild »Nervenheilanstalt für junge Frauen«.

Alina Schuppe

Das Schreiben

Das Schreiben ist mehr, als nur Buchstaben, Wörter und Sätze auf Papier zusammenzufassen. Es ist viel mehr als das. Schreiben ist eine Hingabe, eine seelische Explosion, die die wildesten Emotionen weckt: Freude, Glückseligkeit, Aufregung, Verzweiflung, Angst, Wut, Trauer aber auch Frieden. Schreiben ist mit Freiheit gleichzusetzen. Man lässt los, verschwindet, vergisst die Realität, entkommt dieser und schreitet über Grenzen. Man lässt sich treiben, schwebt in eine neue, andere Welt, in ein anderes, unbekanntes Universum und betritt dieses mit all ihren unentdeckten Charakteren, Wesen und Abenteuer, ihrer Geheimnisse, Mysterien und Liebe. Das Schreiben ist mehr, als eine Geschichte zu entwickeln und zu erleben, mehr, als ein Happy End dem Ende hinzuzufügen. Es gibt kein Richtig oder Falsch. Es gibt keine Vorschriften, die man einzuhalten hat. Es gibt kein großes Stoppschild, dass irgendwann vor dem inneren Auge auftaucht, und einen davon abhalten will, weiterzumachen, weiterzuschreiben. Es gibt kein Ende der Freisetzung der Kreativität. Niemand hat einem etwas zu sagen. Es gibt keine Barrieren, die man überwinden muss. Es gibt keine Einzäunung der Empfindungen und Gedanken. Alles hat seinen freien Lauf. Und das macht das Schreiben aus, die Grenzenlosigkeit.

Judith Vries

Dieser verdammte Arsch von Bruder

Ich heiße Bella Saphira, Tochter der Göttin Aphrodite und des Kriegsgottes Ares.

Bella = kampflustig.

Ich habe einen Gendefekt, der alle Leute, die mich ansehen, zu Verrückten werden lässt.

Deshalb können mich die meisten Götter nicht ausstehen, da ich eine zu große Gefahr für alle Halbgötter und Menschen bin, und so die Geheimnisse der Götter entdeckt werden könnten.

Mein größtes Problem ist, dass ich eigentlich kein Gott, sondern ein Mensch bin. Aus genau diesem Grund darf ich 24/7 immer eine Sonnenbrille tragen. Toll, oder?

Seit kurzer Zeit blute ich auch silbern und nicht mehr rot. Hallo?! Silber! Aber besser als Gold.

Ich traf auf einen geflüchteten Dämon (Sohn von Zeus / ein Gott / arrogant wie sonst was / selbstverliebt / hätte mich fast umgebracht / und leider, zu meinem Bedauern, verdammt heiß…). Da fällt einem schnell auf, dass er seinem Namen alle Ehre macht.

Er will das Unmögliche möglich machen und das heißt, Zeus vom Olymp werfen und mit ihm alle, die nicht auf seiner Seite sind. Und ich?

Ich werde ihm helfen!

Dieser verdammte Arsch von Bruder!

»Bellatrix, beweg deinen knackigen Arsch aus dem Bett!«, hörte ich meinen absoluten Lieblingsbruder durch die Villa brüllen. Ein Trampeln, als würde ein Minotaurus Amok laufen, kam die Treppe hoch, direkt auf meine Zimmertür zu. Trotz allem ließ ich meine

163

Augen fest geschlossen und verkrümelte mich weiter unter meiner flauschigen Decke.

Phobos konnte mich mal sowas von kreuzweise, mich einfach so am frühen Morgen zu wecken. Keine Sekunde später fühlte ich, wie eine wärmende Hülle, die extrem flauschig war, von mir runtergezogen wurde. Ich gab ein unverständliches Grummeln von mir, welches anscheinend zur Belustigung Phobos' führte. Dann, ohne Vorwarnung, überschwappte mich etwas sehr Kaltes, Nasses, das mich und mein ganzes Bett durchtränkte.

Das war zu viel! Dieser Mistkerl von Bruder hatte es mal wieder übertrieben! Ich schlug meine Augen auf, um im nächsten Moment sein Grinsen zu sehen. Er hatte einen leeren Wassereimer in der Hand. Phobos brüllte vor Lachen. Zu viel war zu viel. Das würde Rache geben! Ein mordlustiges Lächeln durchzog mein Gesicht. Infolgedessen sah ich für einen kurzen Moment Furcht in den Augen meines Bruders stehen. Was für eine Ironie; sein Name heißt ja übersetzt Furcht.

Ich wollte gerade aufstehen und den schwarzhaarigen Schönling bestrafen, aber dieser hatte sich schon aus dem Staub gemacht. Ich schaute auf meinen Wecker. Und schon schlug mein Verstand Alarm, da ich sehr spät dran war und Mutter nicht warten lassen sollte. Trust me, sie kann sehr, sehr wütend werden. Noch immer schlaftrunken wankte ich zu meinem großen, mit Rotbuchenholz verkleideten Schrank mit der milchigen Glas-Front. Meine Hände berührten die kühlen, metallenen Griffe und zogen daran. Mit einem leisen Quietschen öffneten sich die großen Türen. Wann wurden die Dinger zuletzt geölt? Vor mir erstreckte sich ein Paradies aus Kleidern, Röcken, Hosen, Pullis, T-Shirts und Sonstigem. Mit gezieltem Griff zog ich ein nachtblaues, enganliegendes, bis zur Mitte der Oberschenkel gehendes Kleid aus dem Schrank, dazu nahm ich mir meine ebenfalls nachtblauen High Heels. Die feinen

Riemchen passten sich perfekt der Form meiner schlanken Knöchel an.

Wait a second! Normalerweise benötigte ich Jahre, um mir etwas rauszusuchen. Kennt ihr das, ihr habt einen XXXXL Kleiderschrank und stellt fest, dass ihr nichts zum Anziehen habt. »Bellatrix!«, erschallte mein Name wieder durchs ganze Haus, »beweg deinen Arsch sofort hier her!« Ergo Deimos, blondhaarig, mit leuchtend grünen Augen, Schönling Numero deux, Frauenschwarm, sexy Halbgott und nervtötender Bruder, rief mich nach unten.

»Shit!«, murmelte ich. Da er seinem Namen wirklich alle Ehre machte, flitzte ich nach unten über meinen flauschigen Teppich, durch meine weiße, mit Elfenbein verzierte Tür hinaus auf den Flur. Gegenüber von mir stand ein großer Spiegel. Ein Blick genügte mir, um zu wissen, dass ich gut aussah. Auf den mörderischen Schuhen überquerte ich den Flur und steuerte auf die Treppe zu. Ein Schritt auf die Stufe, dann auf die nächste, in der Hoffnung, heile die Treppe herunterzukommen.

Geschafft! Innerlich brach ich gerade in Jubelrufe aus, da es sowas von schwer ist, auf diesen »Mördern« eine Treppe herunterzugehen. Ich stand in einem gewaltigen Flur, an den Wänden waren Bilder von Mum und Dad, von mir und meinen Brüdern. Ich lief über den marmornen Boden. Ein rhythmisches Klackern erfüllte den Flur. Ich lief an unzähligen Türen vorbei, bis ich vor einer roten Tür stehen blieb. Meine Hände ergriffen den Holzgriff und drückten diesen nach unten. Vor mir erstreckte sich eine hypermoderne Küche, wo meine Brüder gerade am Kochen waren.

»Na Schwesterherz. Gut geschlafen?«, sprach Phobi nun ein paar Worte zur Begrüßung aus.

»Ja, bevor du eine unangekündigte *ice bucket challenge* mit mir gemacht hast und mein Bett jetzt nass ist!« Gegen Ende wurde ich immer lauter und schrie ihn letztlich an. »Ich glaube, das war ein Fehler Phobos, ein gewaltiger«, sagte der Blondschopf in gespieltem Ernst.

Das konnte doch nicht deren fuckin* Ernst sein! Die verschwören sich gerade eiskalt gegen mich!

Mit einem gezielten Blick zeigte ich ihnen, dass dies noch ein Nachspiel haben würde und stolzierte zu meinem Platz, wo ich auf meine heißgeliebten Pfannkuchen wartete. Endlich, nach gefühlten Stunden waren diese fertig und wurden serviert. Ich merkte, wie meine Augen groß wurden, als die Pfannkuchen auf dem Tisch standen. Ohne auf meine Brüder zu warten, griff ich nach dem ersten. Er fühlte sich noch warm an. Genüsslich biss ich davon ab und kaute diese Göttlichkeit. Es war unglaublich, wie so etwas meine Laune schlagartig verbessern konnte. Aber etwas stimmte nicht mit dem Pfannkuchen... das Nutella! Die haben allen Ernstes mein heißgeliebtes Nutella im Teig vergessen! Und schon war die Laune wieder im Keller. Wütend, stockwütend stand ich auf und knallte die rote Tür hinter mir zu. Die Treppe trampelte ich wie Hades, wenn er wütend war, nach oben. Leider vergaß ich, dass ich High Heels anhatte. Knall auf Fall landete ich schon auf meiner Visage. Ein knacken verriet mir, dass ich mir wohl etwas gebrochen haben musste. So tollpatschig kann auch nur ich sein. Genervt stöhnte ich auf. Ich stützte mich auf beide Hände ab, um mich aufzurappeln. Ein Aufschrei meinerseits, es fühlte sich an wie tausend Messer, die sich in mein linkes Handgelenk bohrten. Verdammte Scheiße! Kurz darauf ein erneutes Knacken, dann das Gefühl sich schnell zusammenfügender Knochen. Wieder eingerenkt.

Okay... ganz ruhig, einatmen und ausatmen. Dafür gibt es garantiert eine logische Erklärung. Die gab es so gut wie für fast alles. Außer für meine Brüder, welche wohl immer ein Mysterium bleiben würden.

Am Abend lag ich noch lange wach, ich brauchte wieder Action! Barfuß tapste ich über meinen weichen Teppich und tastete nach den kühlen Griffen meines Schrankes. Warum ich nicht einfach das Licht anmachte, wusste ich gerade selber nicht. Am Ende war ich so angenervt, dass ich es doch anmachte. Zuerst stieß ich mir den Fuß an, um mir danach meinen Kopf am Schrank aufzuhauen. »Verdammte Scheiße!«, schrie ich wie eine Furie auf. Über den weißen Teppich tapste ich zur Tür, legte den Schalter um und sagte in pathetischem Ton: »Es werde Licht«, um daraufhin einen übelsten Lach-Flash zu bekommen.

Okay, ich gebe es zu, ich habe einen Sprung in der Schüssel. Aber hat das nicht jeder?

Ich eilte zu meinem Schrank, darauf achtend, nicht wieder den Boden zu küssen, und öffnete ich ihn.

Ein schwarzes Kleid fiel mir sofort ins Auge. Ich weiß gar nicht mehr, von wem ich es geschenkt bekommen hatte. So wie das Kleid aussah, vermutlich von Thanatos, Gott des Todes. Ein Wort dazu: Es war extrem kurz und sah wunderschön aus. Der Stoff durchglitt geradewegs meine Hände, der Ausschnitt war groß, aber nicht zu freizügig, es lag eng an, wie eine zweite Haut. Das schwarze Meisterstück ging mir vielleicht bis Mitte Oberschenkel. Eine Sekunde später waren meine Pumps aus dem Schuhregal gezogen.

Ich zog sie an und huschte zum Schreibtisch, setzte mich auf meinen Stuhl. Sofort versank ich in seinem Polster. Schnell schrieb ich noch eine kleine Nachricht: »Macht euch keine Sorgen bin auf einer Party! LG Bella«.

Kurz überlegte ich, ob Persephone mir einen Höllenhund schicken könnte, da ich in die Unterwelt wollte. Die machen dort die übelst geilen Partys. Den Abaddonern musste man eins lassen, sie wussten, wie man eine richtige Party schmeißt.

Hätte ich zu diesem Zeitpunkt gewusst, dass ich dort einen arroganten Gott treffen würde, der selbstverliebt hoch zehn ist und zu meinem Bedauern verdammt heiß und mich fast umgebracht hätte, hätte ich mich mit einem guten Buch über die Strategie der Kriegsführung in mein flauschiges Bett verkrümelt.

Fortsetzung folgt...

Vera Wettstein

Vorurteillos

Seit neunzig Sonnenaufgängen ist ein neuer Alleshabender in unser Gebiet eingezogen. Ich gehe mit meiner Freundin oft an ihm vorbei. Abgesehen davon, dass ich zu allen nett bin – ich check diese Kumpel nicht, die alle und alles immer anschreien müssen – bin ich zu diesem Alleshabenden besonders nett. Er riecht angenehm nach Fleisch, weil er in einer, ich glaub, man nennt das Netzgerei, arbeitet. Man kann sich diese Netzgerei wie einen riesigen Lagerbau vorstellen, so wie ihn unsere Vorfahren gehabt haben müssen, nach einer großen und erfolgreichen Jagd. Ich bin stolz, dass ich solche Urahnen habe, obwohl ich ihnen nicht ähnlich sehe. Ich bin klein, sehr klein, viel zu klein um ehrlich zu sein.

Um von meiner Mama zu meiner alleshabenden Freundin umzuziehen, war viel Aufwand notwendig. Unter anderem musste ich mich einem Fotoshooting – keine Ahnung, was das ist – stellen. Ich wurde in eine Tasse gesteckt, damit sich interessierte Alleshaber von meiner Kleinheit überzeugten.

Jetzt bin ich aber älter und gerade auf einem meiner täglichen Spaziergänge. Meine Freundin und ich sind an dem Gebiet angekommen, wo der Himmel von den Blättern der Bäume grün gepunktet wird. Die Stämme der Bäume sind hundert-, vielleicht tausendmal so lang wie ich. Die Blätter werfen Schatten auf den Boden, die sich bewegen. Meine Freundin läuft hinter mir her und manchmal spricht sie mit mir. Ich hab sie sehr lieb und respektiere sie, auch wenn sie oft Sachen macht, die mir gar nicht gefallen. Das eiserne Ziehzeug muss dreimal am Tag über meine Haare gezogen werden, damit sie schön glänzend bleiben, weil... warum eigentlich?! Ich weiß es nicht, aber ich hab sie lieb und respektiere sie. Sie geht für mich Beute machen, da ich zu klein bin.

Manchmal frage ich mich, was auf diesem unendlichen Grün der Bäume ist. Oft fliegen schwarze, braune, weiße und bunte Schatten auf dieses unendliche Grün. Ich würde gerne mit diesen Schattenwesen reden, um sie zu fragen, was dort oben ist.

Nun gehen wir endlich an der Netzgerei – nein, jetzt weiß ich's – Metzgerei vorbei. Der Herzschlag meiner Freundin wird stärker, damit ihr Körper den Hass, den sie gegen diesen neuen Alleshabenden hat, besser stützen kann. Ich weiß nicht, warum meine Freundin so einen Hass gegen ihn pflegt. Okay, gut, heute riecht er nicht ganz so gut nach Fleisch, wie er normalerweise riecht, sondern nach Benzin, weil er ab und zu auch auf diesen großen, stinkenden Dingern arbeitet, genannt – vermute ich mal - Tankstelle. Der Name ist unpassend. Für alle, die nicht wissen, was eine Tankstelle ist – und das sind, glaube ich, viele: Eine Tankstelle ist ein riesiges (mindestens hundertmillionenmal so groß wie ich) stinkendes Futterhaus für diese großen, brüllenden, eisernen Tiere, in die man sich reinsetzt oder reinlegt. Ich liege meistens.

Der nette Alleshabende, der normalerweise nach Fleisch riecht, aber heute nach Benzin stinkt, hat immer ein Stückchen Fleisch für mich. Ich weiß nicht, warum er es nicht selbst isst, denn meiner Meinung nach ist er in einem ganz schlechtem Zustand. Er ist ganz dünn, sodass seine Beine und Arme den jungen Ästen der Bäume mit dem unendlichen Grün ähneln. Trotzdem gibt er mir immer ein Stückchen Fleisch. Manchmal schenkt er mir sogar dieses lang gepresste Fleisch, das noch viel besser als das normale schmeckt.

Dieser Alleshabende wartet immer mit einem Lächeln auf mich, das seine Zähne aufblitzen lässt. Das nehme ich aber schon lange nicht mehr als Drohung wahr.

Er ist zwar ein Alleshabender, aber im Gegensatz zu meiner Freundin hat er ziemlich wenig. Er lebt in einem dunklen Bau in einer dunklen Ecke in einem dunklen Lager voller dieser Baue.

Meine Freundin lebt in einem hellen, großen Bau, der so riesig ist, dass ich ihn nicht einmal mehr als Bau bezeichnen würde. Drinnen sind ganz viele breite Gänge, die zu vielen inneren Kammern führen. Meine Lieblingskammer, die auch die Lieblingskammer meiner Freundin ist, ist die größte und hellste. Innen stehen viele gepolsterte Gegenstände, auf die man sich drauflegen kann. In dieser Kammer essen wir auch immer. Das Fleisch aus der Metzgerei, in der der nette Alleshabende arbeitet, der manchmal nach Benzin und oft nach Fleisch riecht, gibt es bei uns nie. Meine Freundin hasst diesen Alleshabenden über alles. Manchmal redet sie mit mir über ihn und ich schnappe Fetzen auf wie: »gehört nicht zu uns«, »kriminell« oder »Untergang unseres Landes, wenn ständig neue kommen«.

Der Alleshabende, der gut riecht, ist erst vor Kurzem angekommen. Vor neunzig Sonnenaufgängen hat er seine Familie in dieses Lager aus dunklen Bauen gebracht. Seine Familie, das ist ein winzig kleines alleshabendes Baby, das süßlich riecht und dessen Geschrei in mir einen Beschützerinstinkt hervorruft, obwohl ich es nur einmal gesehen habe, an dem Abend, an dem der nette Alleshabende angekommen ist. An diesem Abend hat er noch nicht so gut nach Fleisch gerochen und er hat seine Zähne nicht in einem Lächeln aufblitzen lassen, sondern in einer Grimasse der Angst. Aus seinen Augen ist Wasser gekommen. Alleshabende können das und es drückt Traurigkeit aus. Das weiß ich, denn als die Tochter meiner Freundin gestorben ist, kamen für gefühlt hundert Sonnenaufgänge diese Wassertropfen aus ihren Augen. Ich war auch unglaublich traurig, aber ich kann dieses Wunder, bei großer Traurigkeit Wasser aus dem Auge zu zaubern, nicht vollführen. Aus den Augen meiner Freundin floss Wasser und aus den Augen des netten Alleshabenden floss Wasser. Eigentlich sind sie gleich.

Der nette Alleshabende roch nach Angst und Tod, nach Meer und nach anderen, südlicheren Ländern. Ich schaue oft aus dem

Fenster unseres großen, hellen Baus hinaus aufs Meer. Ich glaube der Alleshabende und sein Baby sind von da gekommen. Von da, wo das Meer den Himmel berührt.

Er war mit seinem Baby und seiner Frau angekommen, doch seine Frau war tot, denn an jenem Abend, als er ankam trug er sie in den Armen. Ich hörte seinen schnellen, ängstlichen Herzschlag, das leisere aber trotzdem schnelle Pochen des Babys, aber ein dritter Herzschlag fehlte.

Jetzt sind schon neunzig Sonnenaufgänge seit diesem Abend vergangen und heute laufe ich wie jeden Tag an der Metzgerei vorbei, wo er arbeitet. Ich rufe ihn, schon voller Freude auf das Fleischstück und – das wundert mich – ich habe sogar mehr Vorfreude auf sein Lächeln als auf das Fleisch. Ich mag es, wenn er lächelt. Ich will diese Angstgrimasse nie mehr sehen. Ich will, dass niemand mehr auf der ganzen Welt diese Angstgrimasse zu ziehen braucht.

Der Alleshabende, der jetzt wieder nach Fleisch riecht, kommt aus der Metzgerei heraus, schaut mich an und endlich zieht er seine Mundwinkel an und entblößt seine Zähne. Er hat ein Stückchen Fleisch in der Hand. Schnell laufe ich auf ihn zu, doch der rote Faden der Beziehung ist kurz und so werde ich zurück katapultiert. Meine Freundin schreit erst mich an, dann den netten Alleshabenden. Ich mag es nicht wenn meine Freundin mich anschreit, ich möchte ihr doch nur gefallen, aber ich verstehe nicht, warum sie diesen anderen Alleshabenden so hasst. Sie schreit ihn an, weil sie glaubt, dass er mich mit dem Fleischstückchen vergiften wollte. Warum denn vergiften?

Ich bin schon oft zu ihm gelaufen um mir ein leckeres Stück abzuholen. Ich gehe dann von unserem großen, hellen Bau weg, und laufe zu ihm, während meine Freundin nicht zu Hause ist. Ich warte dann auf ihn vor der Metzgerei. Einmal habe ich ihn sogar bis zu seinem dunklen Bau begleitet. Er spricht anders als meine Freundin, denn ich versteh bei ihm noch weniger als bei ihr, aber das ist mir egal. Ich bin einfach bei ihm und das reicht.

Heute darf ich das aber nicht. Denn jetzt kommen diese großen, brüllenden Tiere in die man sich reinsetzen kann, und die Tiere geben Heullaute von sich. Ein blaues Licht blitzt auf ihrem Rücken. Das erste Tier hält an und es steigen zwei Alleshabende aus. Sie unterhalten sich mit meiner Freundin, die immer wieder angstvoll auf den netten, nach Fleisch riechenden Alleshabenden zeigt. Ich nutze diesen Moment aus, um mich ihm zu nähern. Ich rieche an seinem Hosenbein. Ein Hauch von Benzingestank haftet immer noch daran. Ich schaue ihm in die Augen und dann schnell wieder weg - zu lange gucken, bedeutet drohen –, um seine Aufmerksamkeit zu erregen, in der Hoffnung, dass er mir sein Lächeln zeigt. Das passiert nicht. Sein Gesicht ist in einen traurigen Gesichtsausdruck verwandelt. Er versteht wahrscheinlich kaum mehr als ich davon verstehe, was meine Freundin und der Alleshabende gerade reden. Ich verstehe Wörter wie: »bedroht« und »mit Messer«. Ein Messer hat der gut duftende Alleshabende schon dabei, um mir das Fleischstückchen zurechtzuschneiden, dass eigentlich ihm zugestanden hätte. Jetzt spricht der Alleshabende, der aus dem großen brüllenden Tier gestiegen ist, zu dem Alleshabenden mit dem Messer in der Hand. Sie sprechen lange und meine Freundin guckt zufrieden. Wenn meine Freundin zufrieden ist, bin ich auch glücklich, denn dann kann ich ja auch zufrieden sein. Also gehen wir zu unserem großen, hellen Bau zurück und lassen die redenden Alleshabenden hinter uns. Besser gesagt: Der Alleshabende, der aus dem Tier gestiegen ist, redet wütend auf meinen Fleischspender ein, der ihn traurig anschaut.

In unserem Bau angekommen lege ich mich müde in mein Bettchen. Aus der Ferne höre ich die großen, brüllenden Tiere. Aber es sind nicht die normalen, es sind die heulenden mit dem blauen Licht. Ich schließe meine Augen. Meine Freundin hat sich auch ins Bett gelegt und ich höre, wie sich ihr Herzschlag beruhigt. Vor dem Schlafengehen hat sie noch mit mir geredet. Ich liebe sie echt. Sie ist so etwas wie meine Mama.

Langsam dämmere ich ein. Diese Phase zwischen Wachen und Träumen hat begonnen, doch zum Traum komme ich nicht, denn unter das Brüllen der Tiere, in die man steigen kann, hat sich noch ein Laut gemischt. Kaum hörbar, kaum wahrnehmbar, aber das Baby des netten Alleshabenden, der nach Fleisch und manchmal nach Benzin riecht, schreit.

Ich springe auf, renne raus, durch das Fenster in den Garten und weiter, vorbei an der Metzgerei, vorbei an allen schönen, großen, hellen Bauen, ich renne bis dahin, wo die kleinen, dunklen beginnen. Es sind viele Hundert und aus einen von ihnen kommt das Babygeschrei. Aus dem, vor dem die Tiere mit dem blauen Licht auf dem Rücken stillstehen, aber immer noch heulen. Aus dem, vor dem viele Alleshabende stehen. Vor dem Bau hält einer der Alleshabenden gerade das Baby behutsam im Arm, während der andere versucht, den netten, normalerweise nach Fleisch, jetzt nach Angst riechenden Alleshabenden davon abzuhalten, zu seinem Kind zu kommen. Ich sehe, wie er und das Baby in eines der großen, heulenden Tiere gesetzt werden, doch ich will noch einmal das Lächeln des Alleshabenden, der so gut riecht, sehen.

Dann rannte der Teacup Chihuahua schwanzwedelnd zum Mann, der seine Zähne eines der letzten Male in seinem Leben zu einem Lächeln entblößte.

Der Schreibwettbewerb »Grenzen überschreiben« war Bestandteil eines Gesamtprojekts des Bramfelder Kulturladens mit demselben Titel.